Heidi Affolter-Eijsten
Angst und Ohnmacht

Heidi Affolter-Eijsten

Angst und Ohnmacht

Der Fall Linard

EDITION **KÖNIGSTUHL**

Impressum

© 2021 Edition Königstuhl

Alle Rechte vorbehalten.

Kein Teil dieses Buches darf ohne schriftliche Genehmigung des Verlags reproduziert werden, insbesondere nicht als Nachdruck in Zeitschriften oder Zeitungen, im öffentlichen Vortrag, für Verfilmungen oder Dramatisierungen, als Übertragung durch Rundfunk oder Fernsehen oder in anderen elektronischen Formaten. Dies gilt auch für einzelne Bilder oder Textteile.

Bild Umschlag:	Daniel Affolter, Erlenbach
Gestaltung und Satz:	Stephan Cuber, diaphan gestaltung, Bern
Lektorat:	Manu Gehriger
Druck und Einband:	CPI books GmbH, Ulm
Verwendete Schriften:	Adobe Garamond Pro, Akrobat, Courier
Papier:	Umschlag, 135g/m², matt gestrichen, holzfrei
	Inhalt, 90g/m², Werkdruck, holzfrei

ISBN 978-3-907339-03-9

Printed in Germany

www.editionkoenigstuhl.com

Alles könnte sich so abgespielt haben. Die Personen und Handlungen sind jedoch frei erfunden.

«Schapür ün di
Chi voul la sort
Per tai ch'eu
Saja sain da mort
Schi sapchast
Cha que ais destin
La mort nun ais amo la fin»

«Wenn das Los eines Tages möchte,
dass ich deine Todesglocke bin,
dann wisse,
dass es Schicksal ist,
der Tod ist noch nicht das Ende.»

(Gedicht auf der grossen Glocke der reformierten Kirche Scuol von Men Rauch)

Prolog/Epilog

Es war vorbei, es war tatsächlich vorbei. Doch es war ein Ende mit Schrecken gewesen.

Noch immer überlief Anna Berger Conti ein kalter Schauer, wenn sie an den Fall Linard zurückdachte. Warum hatte sie mit ihren 20 Jahren Anwaltserfahrung und der Menschenkenntnis, die sie glaubte, dadurch erworben zu haben, so spät gemerkt, wo die Probleme lagen. Ihr siebter Sinn, auf den sie so viel Wert legte, hatte zu Anfang wohl angegeben, aber sie hatte ihn nicht richtig interpretieren können. Sie hatte gespürt, dass da einiges nicht stimmte, war aber zu sehr von den rechtlichen Aspekten des Falles abgelenkt gewesen.

Anna Berger seufzte, während sie dem Zürichsee entlang zu ihrer Anwaltskanzlei fuhr, die sich in der Enge, einem Stadtteil von Zürich befand. Die Fahrt von ihrem Wohnort Thalwil in die Enge dauerte in der Regel etwa 15 Minuten, je nach Verkehr. Heute war es ruhig, aber sie war etwas spät dran. Der Zürichsee war dunkelgrau, fast schwarz. Das war er auch vor drei Monaten im November gewesen und sie erinnerte sich, dass sie dabei ein ungutes Gefühl von kommendem Unheil gespürt hatte. Das kam aber ab und zu vor und sie hatte dem weiter keine Beachtung geschenkt.

In Thalwil wohnte sie seit zehn Jahren im Elternhaus ihres Mannes, Flavio Conti. Flavio war Architekt und hatte seine Geschäftsräumlichkeiten im Erdgeschoss des grossen Einfamilienhauses. Zuvor hatte sie mit ihrer Familie, mit Flavio und den beiden Töchtern Sandra und Mirjam in einer Wohnung in Zürich-Wollishofen gewohnt, noch etwas näher an ihrer Anwaltskanzlei. Als aber Flavios Eltern nach der Pensionierung beschlossen hatten, ins Tessin zu ziehen, waren Flavio und sie noch so glücklich gewesen, das Haus in Thalwil übernehmen zu können. Damals waren Sandra und Mirjam acht und zehn Jahre alt gewesen und konnten den grossen Garten noch als Spielwiese geniessen. Mittlerweile waren die beiden erwachsen. Sandra war 20 und studierte Medizin und Mirjam hatte mit 18 gerade ihre Matura bestanden. Wohl wohnten noch beide zu Hause, waren aber oft abwesend: Zwei junge, moderne Frauen mit grossem sozialem Netz eben. Es war ruhiger geworden für Anna Berger und ihren Mann Flavio. Genau das hatte sie vor drei Monaten gedacht, als sie an diesem dunklen Morgen im November in ihre Kanzlei gefahren war. Es war der 15. November 2018 gewesen, ein Tag bevor der Fall Gian Cla Linard bei ihr gelandet war.

Sie hatte sich auf einige freie Tage mit Flavio gefreut und machte sich Gedanken, wo man im November noch hinreisen könnte. Aus der geplanten Reise war dann nichts geworden, bis heute nicht. Doch jetzt war alles vorbei und ihr war gar nicht nach Ferien. Es war der belastendste Fall ihrer Anwaltstätigkeit gewesen – und sie hatte schon einige schwierige Fälle gehabt. Erschöpft, wie sie sich fühlte, musste sie sich dennoch eingestehen, dass sie ihren Beruf noch immer mochte, wenn auch nicht mehr so sehr wie früher. Vielleicht hatte sie schon zu viel an Hässlichem gesehen. Dennoch, eine vor Gericht auftretende Anwältin war am Puls des Lebens. Jeder Fall ist eine Geschichte, mal eine gute, meist eine traurige oder erschreckende. Die menschlichen Abgründe waren Anna mittlerweile nur zu vertraut. Selbst wenn vieles spannend und herausfordernd war, würde sie sich nie ganz daran gewöhnen können. Abstumpfen wollte sie nicht. Sie arbeitete in den emotionalsten Rechtsgebieten: Eherecht, Scheidung, Kindsrecht, Erbrecht und Strafrecht. Unglaublich die Emotionen, die einem da oft entgegenschlugen, und es war nicht immer einfach, ruhig und professionell zu bleiben. Der mit den Jahren aufgebaute Schutzschild funktionierte zwar meistens, aber nicht immer, zumal sich hinter diesem Schild nicht nur eine Anwältin, sondern auch ein fühlender Mensch verbarg. Das war wohl bei jedem Rechtsanwalt ähnlich, obwohl viele ihrer männlichen Kollegen dies in der Regel nicht zuzugeben pflegen. Als Anwalt ist man besonnen, professionell und nicht emotional. Schon richtig, aber das funktionierte nicht in jedem Fall gleich gut.

Der Fall Gian Cla Linard war von Anfang an besonders schwierig gewesen. Das lag auch daran, dass Anna die Familie Linard gekannt hatte. Die Linards und die Contis waren vor Jahren Nachbarn gewesen, damals in Zürich-Wollishofen. Kathrin, die Frau von Gian Cla, war häufig zu Anna zum Kaffee gekommen, und die Töchter der Linards, Seraina und Ladina, waren ungefähr im gleichen Alter wie Sandra und Mirjam gewesen. Die Mädchen hatten damals viel zusammen gespielt. Anna hatte Kathrin Linard immer gemocht. Sie fand sie eine kluge und warmherzige Frau. Mit Kathrins Ehemann Gian Cla Linard, hatte sie jedoch nur wenig Kontakt gehabt. Er war er nur selten zu Hause gewesen und sie empfand ihn auch als reichlich kühl. Kühl erschien er ihr auch Kathrin gegenüber, doch er war ein engagierter und unerwartet herzlicher Vater für seine Töchter. Gian Cla Linard war ein führender Gastroenterologe in Zürich. Er war im Vorstand der Ärztegesellschaft und hatte in den letzten Jahren angefangen, sich politisch für die Zukunftspartei zu engagieren. Das letzte, was

Anna von ihm gehört hatte, war, dass er weit oben auf der Kantonsratsratsliste der Zukunftspartei stand. Auf den Wahlplakaten sah er gut aus, jedenfalls weit besser, als die meisten so verkrampft lächelnden Kandidaten. Gian Cla lächelte nicht. Das brauchte er auch nicht, attraktiv, wie er war. Das ganze Jahr war er schön gebräunt, was wohl nicht zuletzt vom regelmässigen Bergsteigen kam. Kathrin schien seine häufigen Abwesenheiten zu ertragen, jedenfalls beklagte sie sich nie. Seit sie und Flavio nicht mehr in Wollishofen wohnten, war Annas Freundschaft mit Kathrin Linard etwas eingeschlafen. Die Mädchen hatten aber offenbar noch regelmässig Kontakt und waren Freundinnen geblieben. Jedenfalls hörten Anna und Flavio jeweils von ihnen das neuste von den Linards. Noch immer konnte Anna es nicht fassen, dass ausgerechnet Gian Cla Linard in eine solche Situation geraten war. Es war drei Monate her.

26. November 2018: Die Magenspiegelung

Etwas stimmte nicht, ganz und gar nicht. Das war der erste Gedanke, der Ines Pfister durch den Kopf ging, als sie aus tiefem Schlaf erwachte und von dem hellen Neonlicht geblendet wurde. Wo war sie eigentlich? Langsam kam die Erinnerung zurück. Sie war im Operationssaal des Gastrocenters Forchstrasse, wo Dr. Linard bei ihr eine Magenspiegelung vorgenommen hatte. Warum war sie allein? Wo war Frau Kovac, die Arztgehilfin? Die war doch vor der Narkose noch dabei gewesen? Ines überlegte. Lange konnte sie nicht geschlafen haben, denn vor dem Eingriff hatte Dr. Linard gesagt, dass eine Magenspiegelung nicht lange dauere, so etwa 20 Minuten. Die Magenspiegelung war offensichtlich vorbei. Ihr schien, als hätte sie viel länger geschlafen und – sie zuckte zusammen – warum blutete sie? Nicht etwa aus dem Mund, dort war ja das Magenuntersuchungsrohr eingeführt worden, nein es blutete unten zwischen den Beinen, so als hätte in dieser Zeit eine starke Monatsblutung eingesetzt.

Unterleibsschmerzen, die sie so nach der Schwangerschaft noch nie gehabt hatte, liessen sie sich zusammenkrümmen. Das hatte sie doch sonst nie. Nur, wenn ihr Mann nach der Geburt versucht hatte, mit ihr zu schlafen, hatte sie jeweils solche Krämpfe und Blutungen bekommen, aber doch nie so starke. Was war geschehen, während sie geschlafen hatte? Und warum war niemand da? Ines begann zu frieren, versuchte aufzustehen, aber ihr Blutdruck machte noch nicht mit, und sie legte sich gleich wieder hin. Da verschob sich der Paravent hinter dem Untersuchungsbett und Dr. Linard kam hervor. Er war also da gewesen, allein mit ihr. Was hatte das zu bedeuten? «Ja, Frau Pfister», sagte er, «Sie sind ja schon wach. Ich wollte Sie gerade aufwecken. Es ist alles gut gegangen, bleiben Sie noch etwas liegen. Frau Kovac kommt in etwa fünf Minuten zurück und bringt Ihnen einen Kaffee. Dann können Sie langsam aufstehen, sich bereit machen und zu mir ins Besprechungszimmer kommen.» Ines schwieg. Wie lange war sie mit Dr. Linard allein gewesen? Warum war sie mit ihm allein gewesen? Ein schwerer Verdacht drängte sich in ihr Bewusstsein. War es möglich, dass …? Nach ein paar Minuten, in denen Dr. Linard beruhigend auf sie einredete, kam tatsächlich Frau Kovac herein mit roten Wangen von der Kälte und teilte ihr mit, dass sie nur kurz gegenüber auf der Post gewesen sei, weil diese um 18:00 schliesse. Sie bringe ihr jetzt gleich den Kaffee. Dr. Linard verliess mit einem «bis später» den Untersuchungsraum.

Mit leiser, etwas rauer Stimme brachte Ines ein «war ich denn allein?», hervor. «Aber nein», meinte Frau Kovac, «Dr. Linard war doch in der Aufwachphase bei Ihnen.» Frau Kovac holte den Kaffee und als sie reinkam, versuchte Ines aufzusitzen. Sie schaute Frau Kovac an. «Ich blute», sagte sie vorwurfsvoll, «ich blute ganz stark, was ist denn passiert?» Frau Kovac schaute sie fragend an und meinte, «nun, der Stress der Untersuchung kann vielleicht eine Monatsblutung ausgelöst haben». «Ich hatte bisher nach der Geburt noch keine spontane Periode», meinte Ines. «Das kann nicht sein.» «Ich bringe Ihnen Binden», meinte Frau Kovac und verliess kurz den Raum, um gleich wieder mit einem Paket Damenbinden zurückzukommen. Ines versuchte, sich anzuziehen. Das Untersuchungsnachthemd, das man ihr vor dem Untersuch gegeben hatte, war rauf gerutscht, ihre Unterhose dafür etwas runtergeglitten. Wie das denn? Und dann die Blutungen. Hastig steckte sie sich zwei Binden zwischen die Beine und zog sich an. Dann verliess sie den Raum und eilte ohne ein Wort des Abschieds an Frau Kovac vorbei, die der aus der Praxis eilenden Patientin kopfschüttelnd nachsah. Was sollte das denn? Kurz darauf öffnete sich die Tür zum Behandlungszimmer von Dr. Linard. Dr. Linard stand in der Türe und fragte, «ist Frau Pfister schon bereit, dann kann sie jetzt kommen.» «Sie hat soeben fluchtartig die Praxis verlassen», antwortete Frau Kovac, «irgendetwas hat sie enorm aufgeregt.» Linard runzelte die Stirn. «Was denn?», fragte er. «Nun», sagte Frau Kovac», «sie hatte Blutungen, wahrscheinlich hat der Eingriff bei ihr eine Monatsblutung ausgelöst». «Ich werde sie später anrufen», meinte Linard besorgt und ging zurück ins Behandlungszimmer. Das ungute Gefühl, das ihn beschlich, unterdrückte er. Er schüttelte etwas ratlos den Kopf und machte sich an die nächste Patientenakte. Draussen am Empfang sass eine nachdenkliche Jana Kovac. Sie überlegte eine Weile und griff dann zum Telefonhörer.

30. November 2018: morgens um 6:00 Uhr

Anna schreckte auf, als ihre Tochter Sandra ihr den Telefonhörer hinhielt. «Wie spät ist es denn?», brummte sie noch völlig verschlafen. «Du meinst, wie früh», antwortete Sandra, «kurz nach 6:00 Uhr. Kathrin Linard sucht dich.» «Was? Kathrin Linard? An einem Freitagmorgen um 6:00, wenn alle noch im Bett sind?» Das konnte nichts Gutes bedeuten. Anna war plötzlich hellwach. Sie nahm den Hörer und versuchte, aus den aufgeregten Worten von Kathrin Linard zu verstehen, was los war. «Fünf Polizisten», sagte Kathrin Linard. «Jawohl, in der Wohnung. Und sie wollen Gian Cla festnehmen. Wo leben wir denn? Morgens um 6:00? Und sie sind mit einem Polizeiauto da, sodass die ganze Nachbarschaft daran teilhaben kann – was soll ich tun?» «Kannst du mir Gian Cla kurz ans Telefon geben?», fragte Anna. Es rumorte im Hintergrund. Dann kam zwar ein Mann ans Telefon, aber es war nicht Gian Cla. Er stellte sich als Polizeiwachtmeister Lerch vor. Anna stellte sich auch vor. «Ich bin Rechtsanwältin Anna Berger Conti und Frau Kathrin Linard hat mich gebeten, festzustellen, was los ist. Darf ich Sie fragen, ob Sie einen Haft- und Durchsuchungsbefehl haben und was darauf steht?» Lerch zögerte. «Nun», meinte Anna, «Sie müssen es mir sagen, Sie müssen es vor allem auch Herrn Dr. Linard sagen.» Lerch räusperte sich und meinte, «Ja natürlich haben wir einen Haftbefehl, sonst wären wir wohl kaum da.» Die Art und Weise, wie er antwortete, erstaunte Anna nicht. Viele Polizisten kamen bei Zwangsmassnahmen sofort in einen Abwehrmodus, wenn sie mit einem Anwalt oder einer Anwältin sprachen. «Gut», meinte Anna, «und dann teilen Sie mir doch bitte mit, was im Betreff auf dem Haftbefehl steht und warum Sie Dr. Linard festnehmen wollen.» «Vertreten Sie Dr. Linard?», fragte Lerch misstrauisch. «Ja», antwortet Anna, die das bisher auch noch nicht gewusst hatte, aber nur so bekam sie die Antwort, die sie wollte. «Fragen Sie Dr. Linard.» Sie hörte wie Kathrin, Gian Cla und Lerch miteinander sprachen. Dann kam Lerch zurück an den Apparat. «Es steht Verstoss gegen Art. 191 StGB darauf.» Anna zuckte heftig zusammen. «Bitte nicht», dachte sie. «Haben Sie das Herrn Dr. Linard erklärt?» «Wir haben es versucht», meinte Lerch «aber er scheint es nicht verstehen zu wollen.» «Natürlich will und kann das keiner verstehen, schon gar nicht morgens um 6 Uhr. Wo bringen Sie ihn denn jetzt hin?» «Zuerst fahren wir in seine Praxis, um eine Patientenakte zu beschlagnahmen, und dann bringen wir ihn auf die Hauptwache.» «Wann und wo werden Sie ihn befragen?» «Natürlich auf der Hauptwache.» «Wann wird das in etwa sein? Können Sie mich dann anrufen?» Anna gab Lerch ihre Kanzleitelefonnummer und sagte dann «und jetzt geben Sie mir trotzdem noch kurz Herrn Linard an den Hörer». «Das kann ich nicht», meinte Lerch. «Doch, das können Sie. Sie werden ihn hoffentlich schon darauf hingewiesen haben, dass er ein Anrecht auf eine Verteidigung hat und die Aussage jederzeit verweigern darf?» «Wir sind dran», antwortete Lerch zögerlich. «Bereits etwas spät, finden Sie nicht?», bemerkte Anna. «Und jetzt geben Sie Herrn Dr. Linard bitte den Hörer.» Lerch zögerte wieder. «Aber nur ganz kurz.»

Plötzlich hörte Anna ein trockenes «Ja?» Es war Gian Cla Linard. «Hören Sie Gian Cla, Kathrin hat mich soeben angerufen. Die Polizei wird Sie verhaften wegen Verstosses gegen

Art. 191 StGB. Hat man Ihnen erklärt, was in diesem Artikel steht?» «Ja», meinte Linard. „Sexueller Missbrauch an einer Patientin." «An einer wehrlosen Patientin», verdeutlichte Anna, «im Gesetz steht sogar Schändung, ein hässliches Wort, ich weiss, und ein ziemlicher Knall so am frühen Morgen. Sollten Sie ohne meine Anwesenheit befragt oder auch nur etwas gefragt werden, verweigern Sie die Aussage und verlangen Sie nach Ihrer Anwältin. Sagen Sie vorerst einfach nichts. Noch weniger als nichts. Ich werde bei der Einvernahme, die nach der Durchsuchung der Praxis stattfinden wird, dabei sein.» Gian Cla brummte etwas Zustimmendes und es wurde aufgehängt.

«Was ist los?», fragte Flavio, die verschlafene Stimme aus dem Bett. «Das tönte aber gar nicht gut. Schändung? Wird jetzt wohl nichts mit unserer Ferienwoche.» «Warten wir's mal ab», antwortete Anna. «Ich kann mir wohl Schänder vorstellen, aber ganz bestimmt nicht Gian Cla Linard». «Sicher nicht», meinte Flavio, «ich kann's mir auch nicht vorstellen, aber wir wissen schliesslich, dass alles möglich ist.» «Trotzdem», meinte Anna, «nicht Gian Cla.»

Das Telefon klingelte wieder. Es war nochmals Kathrin. Anna hörte, dass sie weinte. Im Hintergrund die aufgeregten Stimmen von Seraina und Ladina. «Schau Kathrin», sagte Anna ruhig, «ich weiss nicht, was passiert ist. Ich weiss auch noch nicht genau, worum es genau geht, aber wir werden Gian Cla die beste Verteidigung zukommen lassen und ich werde bei der ersten Einvernahme dabei sein. Versuche, Dich zu beruhigen. Du wirst alle Kraft benötigen, auch für Seraina und Ladina. In welcher Verfassung war er, als sie ihn abholten?» «Er war sehr ruhig», meinte Kathrin, «aber das ist er immer, das heisst nichts.» «Gut Kathrin, ich muss mich jetzt bereit machen, wir hören uns wieder». Anna legte auf.

Sandra, die alles mitbekommen hatte, schaute ihre Mutter fragend an. «Wie geht das dann, morgens um 6:00 Uhr anständige Leute festzunehmen? Und das in einem Rechtsstaat wie die Schweiz?» «Nun», antwortete Anna, «Festnahmen und Hausdurchsuchungen werden meistens am frühen Morgen angesetzt. Die Leute sind dann noch zu Hause, meist verschlafen, und wehren sich daher auch weniger. Das Dumme ist nur, dass am frühen Morgen meistens auch die Nachbarn noch zu Hause sind und alles mitbekommen, vor allem in einem Mehrfamilienhaus. Linards haben zwar ein Einfamilienhaus, aber in einem sehr ruhigen Quartier und offenbar ist die Polizei mit einem polizeilichen Einsatzwagen gekommen. Du kannst sicher sein, dass alle Nachbarn es mitbekommen haben und die Gerüchteküche bald anläuft.» «Na prima! Ich finde es auch sehr problematisch», meinte Flavio, «wenn in einem Rechtsstaat ein unbescholtener Bürger morgens um 6:00 Uhr von fünf Polizisten abgeholt wird.» «Da hast du recht», meinte Anna. «Churchill hat mal gesagt, «Wenn es morgens um 6:00 an der Haustüre klingelt, dann ist es in einem Rechtsstaat der Milchmann». Aber auch in einem Rechtsstaat, da irrte Churchill ausnahmsweise, kann es die Polizei sein. Hör mir zu Sandra, du darfst über das, was jetzt geschehen ist und du gehört hast, niemandem etwas erzählen.» «Weiss ich doch langsam nach all den Jahren», brummte Sandra. Als Mirjam verschlafen hinter Sandra erschien, sagte Anna es auch Mirjam. Es war nicht einfach, das Anwaltsgeheimnis zu wahren, wenn man zu Hause im Beisein der Familie morgens um sechs Uhr telefonisch über eine Verhaftung informiert wurde, vor allem dann nicht, wenn der Verhaftete noch allen Familienmitgliedern bekannt war.

Um Viertel nach sieben machte sich Anna auf den Weg zu ihrer Kanzlei. An Schlafen war nicht mehr zu denken gewesen und sie wollte möglichst früh noch einige Vorbereitungen treffen, da sie nicht wusste, wie der Tag durch die Einvernahme Gian Cla's verlaufen würde. Wie immer im November war der See sehr dunkel, zu dunkel erschien er Anna. Es würde ein grauer Tag werden. Doch der Tag hatte schon düster begonnen. Während sie in die Enge fuhr – es hatte wie immer in der Region Zürich um diese Zeit schon viel Verkehr – überlegte sie, was vorgefallen sein mochte. Es war für einen Mann etwas vom Schlimmsten und Gefährlichsten, mit einem Sexualdelikt in Verbindung gebracht zu werden. Schändung war dann auch noch das Delikt, das am schlimmsten klang. Schändung ein Begriff, der im Strafgesetzbuch so nicht hätte stehen dürfen, weil er stark wertend ist. Warum hiess es nicht sexueller Missbrauch einer urteils- oder widerstandsunfähigen Person? So stand es nämlich in der französischen und italienischen Ausgabe des Strafgesetzbuches – das war schon schlimm genug. Das waren sachliche Umschreibungen eines schlimmen Tatbestandes, aber Schändung – da war das Wort für sich allein schon schlimm? Schändlich. Schande. Ein Vorwurf wie ein Donnerschlag. Wie fühlte man sich, wenn man einer Schändung bezichtigt wurde? Nicht auszudenken – und der Tatbestand passte überhaupt nicht zu Gian Cla Linard. Es war zu hoffen, dass bald Klarheit in den Fall gebracht werden konnte oder auf den Fall gar nicht erst eingetreten oder der Fall wenigstens bald eingestellt würde. Doch Anna wusste, dass das illusorisch war. Sexualdelikte werden heute bis zum bitteren Ende – wie dieses denn auch aussah – untersucht. Der Zeitgeist und die «me too» Debatte hatte da Einiges bewirkt. Differenzieren war zum Problem geworden. Heute ist die Öffentlichkeit mit Vorverurteilungen schnell zur Hand. Bei den Sexualdelikten wurde es immer schwieriger, sachlich und unvoreingenommen nach der Wahrheit zu suchen. Es galt oft gegen Ideologien und vorgefasste Meinungen anzukämpfen. Anna hatte schon Beschuldigte und Opfer vertreten. Beides war zermürbend.

Es war zu hoffen, dass Gian Cla's Fall nicht in die Öffentlichkeit durchsickerte. Gian Cla Linard war eine Persönlichkeit, die man aus der Ärztepolitik und neuerdings auch aus der Kantonspolitik kannte. Wenn nur das Geringste publik wurde, würde ihm das enorm schaden. Selbst dann, wenn nichts am Schändungsvorwurf dran war und er sich am Ende als unschuldig erweisen sollte. War der Vorwurf mal draussen, dann galt die Unschuldsvermutung nichts mehr. Wie oft hatte sich Anna schon über Berichterstattungen in den Medien geärgert, wo detailgetreu und genüsslich die Vorwürfe aufgezählt wurden, um am Schluss ein scheinheiliges «für den Beschuldigten gilt die Unschuldsvermutung» anzufügen. Das interessierte dann doch niemanden mehr. Dieser Satz war höchstens noch ein Feigenblatt gegen den Vorwurf der falschen Medienberichterstattung, oder, wie ihr Kanzleikollege Georg Dreher es nannte, ein «cover my ass» gegen allfällige Klagen. Durch das Beschreiben der behaupteten Tat war das Dynamit gelegt und der Betroffene in der Öffentlichkeit exponiert. Den Geruch der ruchlosen Tat würde er nie mehr ganz loswerden. Die Medien waren der neuzeitliche Pranger, schlimmer noch: Der mittelalterliche Pranger war wenigstens örtlich begrenzt wirksam gewesen. Doch durch die Medien verbreitet sich heute ein Verdacht – und am Anfang eines Strafverfahrens stand erstmal ein Verdacht – über das ganze Land und darüber hinaus.

Strafverfahren gegen bekannte und erfolgreiche Persönlichkeiten wurden zudem besonders ausgeschlachtet. Da spielte einiges an Schadenfreude und Neid mit. «Seht nur her, die Reichen, Mächtigen, Erfolgreichen. Haben wir's nicht immer gesagt? Die sind auch nicht besser als wir.» Der Spruch, der früher immer wieder zu hören gewesen war, und vielleicht in früheren Zeiten auch zugetroffen hatte, nämlich: Die Kleinen hängt man und die Grossen lässt man laufen, hatte sich schon lange in sein Gegenteil verkehrt. Das Vorurteil in diesem Spruch war eine grosse Gefahr für die Rechtsprechung, denn kein Richter wollte sich vorhalten lassen, dass er die «Grossen» besser behandle. Die Zürcher Richter hatten sich bisher als ziemlich resistent gegen Vorverurteilungen in den Medien erwiesen. Immerhin das, denn der Beschuldigte war im Grunde genommen oft durch Negativschlagzeilen schon bestraft genug.

In letzter Zeit waren viele «Grosse» in Strafverfahren gelandet. Alle Verwaltungsräte der Swissair damals, oder kürzlich der CEO einer bekannten Bank, ein Bundesanwalt und ein hoher FIFA-Funktionär. Von aussen war nicht immer erkennbar, ob sie wirklich gefehlt hatten oder ob der Fall einfach aufgebauscht wurde. Manchmal konnte man monatelang über ein Strafverfahren lesen – und ein Jahr später erschien in den Zeitungen eine kurze Zeile unter «Diverses», dass das Strafverfahren gegen den X eingestellt worden sei. Das interessierte dann niemanden mehr. Aber X würde sich nie mehr vom Verdacht befreien können und auch seinen Job war er für immer los. Mitleid durfte er auch nicht erwarten. Das Erstatten von Strafanzeigen war ein wirksames Mittel geworden, jemandem zu schaden, ihn gar loszuwerden. Es gab berühmte Beispiele, vor allem aus den Vereinigten Staaten. Am schlimmsten war es ohnehin bei den Sexualdelikten, dann kamen die Korruptions- und Wirtschaftsdelikte. Bei den «Kleinen» waren die nicht spannend, aber wenn es einen der «Grossen»» traf: welch wunderbare Schlagzeile. Oft waren die «Täter» schon von einer gnadenlosen Presse vorverurteilt worden und es schien egal, ob eine gerichtliche Verurteilung nachfolgen würde. Der amerikanische Schauspieler Kevin Spacey war von der Öffentlichkeit jedenfalls völlig zerstört und aus seinen erfolgreichen Rollen gedrängt worden, und es hat am Ende niemanden mehr gross interessiert, als bekannt wurde, dass strafrechtlich gesehen offenbar kein Fleisch am Knochen der Vorwürfe war. Der Vorwurf genügte und ein Heiliger war er wohl nicht. Es war fatal, wenn man nur schon in den Dunstkreis eines solchen Deliktes kam. Anna hasste solche Fälle. Sie bedeuteten auch für die Verteidigung grossen Stress, aber sie hatte es heute Morgen nicht übers Herz gebracht, Kathrin abzuweisen. Zudem wusste Kathrin, dass sie Erfahrung hatte in solchen Fällen und sich für ihre Klienten einsetzte. Zeit hatte sie nun jetzt auch, wo sie den Pendenzenberg in ihrer Kanzlei abgebaut hatte und sich eigentlich eine schöne Woche mit Flavio hatte gönnen wollen.

Um 9:00 Uhr erhielt sie den erwarteten Anruf von der Polizeihauptwache Urania. Man habe jetzt Gian Cla Linard gerade dorthin gebracht und er würde gegen 10:00 Uhr polizeilich einvernommen werden. Anna machte sie bereit und nahm die notwendigen Unterlagen wie Vollmachtsformulare und Merkblätter mit. Kurz vor 10 Uhr war sie bei der Hauptwache Urania, die in der Nähe des Zürcher Hauptbahnhofes liegt.

Polizeihauptwache Urania

Als Anna die Hauptwache Urania betrat, die Regionalwache der Stadtpolizei Zürich, bewunderte sie einmal mehr die Eingangshalle mit den Malereien von Augusto Giacometti. Das erwartet man nicht, wenn man die Eingangshalle einer Polizeiwache betritt. Die Giacometti-Halle wird im Volksmund auch «Blüemlihalle» genannt. Der Eingang der Hauptwache Urania macht diese wohl zur schönsten Polizeiwache der Welt. Eigenartig, fand Anna.

Sie musste sich zuerst zu Gian Cla durchfragen. Polizeiwachtmeister Lerch schien sie erwartet zu haben. «Wo ist mein Klient?», fragte Anna. «Im Raum nebenan», antwortete Lerch. «Darf ich zu ihm?» Lerch zögerte schon wieder. «Für eine sinnvolle Verteidigung muss ich mit meinem Klienten reden können.» «Also gut», gab Lerch nach, «aber kurz, wir fangen schon bald mit der Einvernahme an.» «Ich will die Zeit, die ich benötige, ansonsten Dr. Linard einfach schweigen wird. Eine Verdunkelungsgefahr besteht wohl kaum mehr.» «Um 14:00 Uhr wird der zuständige Staatsanwalt Peter Fried eine weitere Befragung vornehmen», fuhr Lerch fort. «Er wird entscheiden, ob noch Verdunkelungsgefahr besteht. Wir bringen Herrn Linard dann zur Staatsanwaltschaft.» «Warum diese Doppelgleisigkeit?», fragte Anna. «Kann Staatsanwalt Fried nicht direkt die erste Einvernahme vornehmen? Und was geschieht mit Herrn Linard zwischen diesen beiden Einvernahmen? Bleibt er in Haft oder darf er mit mir zum Mittagessen gehen? Fluchtgefahr besteht mit Sicherheit keine.» «Er bleibt sicher in Haft bis nach der Einvernahme durch Staatsanwalt Fried. Dann wird Staatsanwalt Fried über eine weiter Haft entscheiden.»

Anna ging ins Nebenzimmer. Gian Cla sass auf einem Stuhl beim Fenster und schaute hinaus. Es war schwierig, seine Miene zu deuten. Er wirkte sehr ruhig, zu ruhig. «Wissen Sie schon mehr?», fragte Anna. «Waren wir nicht mal beim Du?», fragte Gian Cla. «Nur Kathrin und ich waren per Du, aber wenn das alles vorbei ist, können wir uns sehr gerne duzen. Bis dahin ziehe ich es vor, Sie weiter zu siezen. Unterhalten wir uns zuerst darüber, was Ihnen vorgehalten wird. Ahnen Sie den Vorhalt?» «Ja», seufzte Gian Cla. «Die Polizei hat heute Morgen die Patientenakte von Ines Pfister, einer 28-jährigen Patientin, mitgenommen. Ines Pfister war vorgestern Mittwoch in meiner Praxis für eine Magenspiegelung. Ihr Hausarzt hatte sie als dringenden Fall angemeldet. Frau Pfister hatte seit der Geburt ihres ersten Kindes immer wieder erhebliche Refluxbeschwerden mit Magenkrämpfen gehabt. Ich hatte sie noch entgegenkommenderweise an einen langen Terminplan angehängt, um 17:00, als letzte Patientin des Tages. Die Untersuchung, eine Magenspiegelung, verlief gut, jedenfalls, bis sie aufwachte. Ich hatte ein paar Gewebeproben entnommen, die ich gerade am Beschriften war, als sie aufwachte. Die Praxishilfe, Frau Kovac, war unmittelbar nach dem Untersuch, als die Patientin noch schlief, kurz auf die Post gegenüber gegangen. Den ganzen Tag waren wir mit Untersuchungen so beschäftigt gewesen, dass es vorher nicht möglich gewesen war. Die Post schliesst um 18 Uhr, Frau Kovac war keine 10 Minuten weg gewesen. In dieser Zeit ist die mit Propofol narkotisierte Patientin wie erwartet aufgewacht. Sie war sehr unruhig, wähnte sich zuerst allein, obwohl ich hinter dem Untersuchungsbett sass und die Proben beschriftete. Als ich bemerkte, dass sie aufwachte, sprach ich sie an und erklärte ihr, dass alles gut gegangen war und Frau Kovac ihr gleich einen Kaffee bringen würde. Sie schaute mich mit einer Mischung von Erstaunen und Entsetzen an, was ich mir nicht erklären konnte. Frau Kovac erzählte mir später, dass Ines Pfister gefragt hatte, ob ich mit ihr allein gewesen sei. Dann habe sie ihr, Kovac, mitgeteilt, dass sie schwere Blutungen habe. Frau Kovac habe sie zu beruhigen versucht, der Stress des Untersuchs habe bei ihr wohl eine Monatsblutung ausgelöst. Kurz darauf verliess Frau Pfister fluchtartig die Praxis zum Erstaunen von Frau Kovac und mir.» «Sie können sich vorstellen, was die Patientin Ihnen vorwirft?» fragte Anna. Gian Cla sah sie ruhig und gefasst an: «Ja, das kann ich. Ich habe aber gar nichts in diese Richtung getan. Das würde und könnte ich nie tun. Bedeutet der schnelle Zuzug des Staatsanwaltes, dass man von einem schweren Fall ausgeht?» «Nicht unbedingt», meinte Anna, «warten wir ab. So oder so bleiben Sie so ruhig, wie Sie es jetzt sind. Antworten Sie auch ruhig, nie aufbrausend oder überheblich. Reden Sie nicht drein und weisen Sie den Polizisten oder den Staatsanwalt nie zurecht. Ich sage Ihnen das nicht, weil ich Ihnen misstraue, aber weil es eben oft vorkommt und sich ein solches Verhalten negativ auf das Verfahren auswirken kann. Polizisten und Staatsanwälte sind oft empfindlich. Bestreiten Sie den Vorwurf dezidiert, ohne die Patientin zu kritisieren. Auch Letzteres ist psychologisch wichtig. Die Patientin darf nicht runtergemacht werden, auch nicht, wenn sie offensichtlich lügt. Antworten Sie nicht auf Suggestivfragen, die Ihnen etwas unterstellen, oder auf Fragen, die Sie nicht beantworten wollen. Dieses Recht haben Sie. Und schliesslich werde ich auch dabei sein, falls etwas nicht richtig läuft.»

Es klopfte an der Türe und Lerch kam herein. „Staatsanwalt Fried – er hat gerade angerufen – wird nun die erste Einvernahme doch selbst vornehmen. Wir werden Dr. Linard um halb zwei in Frieds Büro an der Zweierstrasse beim Stauffacherplatz bringen.» «Was geschieht in der Zwischenzeit?», fragte Anna nochmals. «Also: vor der Einvernahme muss Herr Linard bei uns bleiben. Wir müssen noch sämtliche Personalien aufnehmen und die kriminaltechnischen Untersuchungen durchführen. Wir bringen ihn dann mit dem Polizeiwagen zur Staatsanwaltschaft. Ich denke, am besten ist es, wenn Sie um 14:00 Uhr auch ins Büro von Staatsanwalt Fried kommen, Frau Berger.» «Ich nehme an, Sie werden meinen Klienten verpflegen», bemerkte Anna. «Sicher», meinte Lerch. Zu Gian Cla gewandt fragte Anna: «Kann ich Kathrin anrufen und ihr mitteilen, wie es Ihnen geht? Wissen Sie, ich bin auch ihr gegenüber ans Anwaltsgeheimnis gebunden.» Gian Cla runzelte die Stirn. «Sie sollten Sie nicht zu sehr beunruhigen.» «Nun», meinte Anna trocken, «mehr beunruhigen, als dass sie es heute schon wurde, kann ich sie gar nicht mehr. Sie wird doch alles erfahren, besser von mir oder von Ihnen. Aber sie muss als Ehefrau informiert sein und darf es nicht von irgendjemandem sonst oder gar aus der Presse erfahren.» «Aus der Presse?», fragte Gian Cla alarmiert. «Das ist in solchen Fällen leider nie auszuschliessen», antwortete Anna. «Dann möchte ich sie heute Abend selbst informieren», meinte Gian Cla, «falls sie mich wieder nach Hause lassen.» «Gut, dann lassen Sie mich Anna wenigstens über den geplanten Verlauf des Nachmittags informieren und auf den Abend nach der Einvernahme vertrösten.» «Einverstanden», antwortete Gian Cla, «aber bitte noch nicht mehr.»

Anna verstand, war aber über die Reaktion Gian Clas nicht glücklich. Sie verabschiedete sich und fuhr in ihre Kanzlei. Von da aus rief sie Kathrin an. Kathrin nahm sofort ab. «Schau Kathrin», fing Anna an, «es ist noch etwas früh, um dich zu informieren, weil die Einvernahme durch den Staatsanwalt noch nicht stattgefunden hat. Diese wurde erst auf heute Nachmittag um zwei Uhr anberaumt und wird sicher einige Zeit dauern. Ich werde dabei sein. Leider kann ich dir jetzt noch nicht sagen, worum es genau geht und vielleicht kann ich es auch nachher nicht, weil ich grundsätzlich auch dir gegenüber ans Anwaltsgeheimnis gebunden bin. Gian Cla hat mir aber versprochen, dich heute Abend selbst zu informieren. Er ist sehr gefasst, soweit ich das beurteilen kann. Aber wie geht es dir?» Anna hörte Kathrin tief einatmen. «Ich habe ein ganz schlechtes Gefühl, Anna, obwohl ich mir nicht vorstellen kann, dass sich Gian Cla als Arzt etwas hat zuschulden kommen lassen. Ich weiss auch nicht, was da vorgefallen sein könnte. Wir reden schon seit Jahren nicht mehr viel miteinander und leben freundschaftlich und ohne Streit, nebeneinanderher. Ich möchte, dass er alle Hilfe bekommt, die er braucht.» «An mir soll's nicht liegen Kathrin, aber du kannst gerne noch jemanden anderen zuziehen. Oder vielleicht später, für eine zweite Meinung. Ich bin da nicht empfindlich.» «Nein Anna, ich weiss ja, wie du arbeitest. Ich habe deine Fälle früher und auch nach eurem Wegzug verfolgt, soweit ich das konnte. Ich weiss, dass du im Strafrecht viel gemacht und auch erreicht hast. Ich vertraue dir und wäre dir sehr dankbar, wenn du den Fall weiterhin betreust.» «Nun», meinte Anna, «ich bin ja schon mittendrin.»

Staatsanwalt Frieds Einvernahme

Punkt Viertel vor zwei erschien Anna bei der Staatsanwaltschaft an der Zweierstrasse in Zürich. Sie musste klingeln. Die Zeiten, in denen Anwälte einfach die Gebäude der Staatsanwaltschaften betreten konnten, waren schon länger vorbei. Auch zu den einzelnen Gerichten gab es heute bei den Eingängen Sicherheitsschleusen oder andere Kontrollen. Staatsanwalt Fried hatte im 1. Stock ein grosses, helles Eckbüro, wesentlich ordentlicher als Annas Arbeitsplatz, die ihre Unordnung auf dem Schreibtisch immer als ihr «kreatives Chaos» bezeichnete. An Staatsanwalt Fried aber war mit Sicherheit nichts kreativ und schon gar nichts chaotisch: ein kleiner, untersetzter Mann Anfang fünfzig mit ernstem Gesichtsausdruck. Der Scheitel in seinem dunklen Haar sah aus, als hätte er ihn mit einem Lineal gezogen. Anna hatte noch nicht viel mit Fried zu tun gehabt. Er war nicht ihr Lieblingsstaatsanwalt, wobei es einen solchen gar nicht gab. Auch wenn sie ihn nicht mochte, diesen steifen, humorlosen Vertreter der Strafverfolgung, so musste sie der Ehrlichkeit halber doch zugeben, dass er nicht ein «böser» war, kein «Machtmissbraucher». Dass er nicht über allzu viel Charme verfügte, war für die Klienten nicht von Unglück. Er war etwas pedantisch, aber auch korrekt bis zum «Gehtnichtmehr». Es hätte für Gian Cla schlimmer kommen können. Gian Cla sass schon auf dem Vernehmungsstuhl. Sie setzte sich neben ihn. Neben dem Staatsanwalt sass ein Polizeianwärter mit einem PC vor sich für das Protokoll.

Das lief jeweils so ab, dass der Staatsanwalt oder die Staatsanwältin Fragen stellte und nach ein paar Fragen jeweils die Antworten des Beschuldigten für das Protokoll zusammenfasste und diktierte. Ein Vorgehen, das Anna immer wieder kritisiert hatte. Beim Wiedergeben der Antworten durch den Staatsanwalt ging manchmal einiges verloren oder wurde, je nach Geschick des Staatsanwaltes auch einiges verfälscht. Die Verteidigung musste schon sehr aufpassen, dass da nichts ins Protokoll kam, das den Beschuldigten belasten könnte. Anna bevorzugte wörtliche Protokolle, aber die machten eine Einvernahme natürlich viel länger und mühsamer.

Staatsanwalt Fried schien heute guter Dinge zu sein, sehr aufgeräumt für seine Begriffe. Er hielt zuhanden des Protokolls fest, wer anwesend war und schaute auf die vor ihm liegenden Personalien des Beschuldigten Linard. «Es geht um die erste Einvernahme zur Sache Gian Cla Linard. Die Personalien wurden von Wachtmeister Lerch aufgenommen. Bei den Eltern fehlt noch der Eintrag. Wie heissen Ihre Eltern?» Linard schaute den Staatsanwalt an. «Ich will das nicht sagen, verweigere diesbezüglich die Aussage.» Fried schaute erstaunt auf. «Warum das denn?» «Nun, ich bin der Meinung, dass es um mich geht und nicht um meine betagten Eltern. Die gehören nicht in ein Strafverfahrensprotokoll. Zudem stehe ich mit 50 Jahren wohl schon lange nicht mehr unter der Verantwortung meiner Eltern.» «So wird es jedoch zuhanden des Protokolls immer gemacht», warf Fried irritiert ein. «Dennoch, ich möchte das nicht.» Fried schaute Anna an. «Würden Sie bitte Ihrem Klienten erklären, dass er diese Angaben zu machen hat?» Das fängt schon gut an, dachte Anna. Anna schaute den Staatsanwalt freundlich an und erklärte mit ruhiger Stimme: «Ich weiss, dass das üblicherweise so gemacht wird, ich weiss aber auch, dass die Namen der Eltern für das Verfahren nicht von Bedeutung sind. Ich kann den Einwand von Dr. Linard nachvollziehen. Für ihn ist es, also wollte man seine Eltern in ein Strafverfahren mit einbeziehen. Mich wundert, dass solche Einwände nicht häufiger erfolgen.» Dem korrekten Fried gefiel diese Antwort nicht, er liess sie aber schliesslich durchgehen.

Dann fing er mit der Einvernahme an, so wie jede Einvernahme anfängt: «Gegen Sie, Herr Linard, ist ein Strafverfahren wegen Schändung im Sinne von Art. 191 StGB eingeleitet worden. Sie haben das Recht, Aussagen und Mitwirkung zu verweigern. Sie sind berechtigt, jederzeit eine Verteidigung zu bestellen oder gegebenenfalls eine amtliche Verteidigung zu beantragen. Haben Sie den Vorhalt und Ihre Rechte verstanden?» Linard antwortet, «den Vorhalt nicht, meine Rechte schon». Anna war froh, dass Linard nicht auf seinem Doktortitel bestand, wie das bei promovierten Beschuldigten häufiger vorkam – und immer schlecht ankam, vor allem, wenn wie hier der befragende Staatsanwalt selbst keinen Doktortitel hatte. «Den Vorhalt werde ich Ihnen schon noch erklären», meinte Staatsanwalt Fried. «Ferner mache ich Sie darauf aufmerksam, dass Ärzte sowie Ihre Hilfspersonen das Zeugnis über Geheimnisse verweigern können, die ihnen aufgrund Ihres Berufes anvertraut worden sind oder die sie in dessen Ausübung wahrgenommen haben. Allerdings sind Sie zur Aussage verpflichtet, wenn Sie von der Geheimnisherrin oder dem Geheimnisherrn schriftlich von der Geheimnispflicht entbunden worden sind. Ich teile Ihnen mit, dass die Patientin Ines Pfister Ihnen eine solche schriftliche Entbindung vom Berufsgeheimnis erteilt hat.» Linard nickte nur, konnte sich aber ein «Was hätte es für einen Sinn, mir die Entbindung vom Berufsgeheimnis in einem solchen Fall zu verweigern», nicht verkneifen. «Ich nehme das zur Kenntnis», diktierte der Staatsanwalt für Linard dem Protokollführer. «Zum vorgehaltenen Sachverhalt: Ihre Patientin, Ines Pfister, erstattete vorgestern Mittwochabend, dem 28. November 2018, Strafanzeige gegen Sie wegen Schändung im Sinne von Art. 191 StGB. Sie gab an, während der Narkose anlässlich einer Magenspiegelung von Ihnen missbraucht worden zu sein, indem Sie mutmasslich an ihr den Beischlaf vollzogen oder sie mit einer anderen sexuellen Handlung missbraucht hätten. Aufgrund dieser sexuellen Vorgänge sei es bei ihr zu schweren vaginalen Blutungen gekommen. Das strafbare Verhalten muss in der Zeit geschehen sein, in der Sie mit ihr allein waren, beziehungsweise sich die Arztgehilfin, Frau Kovac, nicht im Untersuchungsraum befand. Nehmen Sie das zur Kenntnis?» «Was Sie gesagt haben», antwortete Linard, «nehme ich zur Kenntnis, aber was bedeutet Schändung genau?» «Nun, Schändung bedeutet Beischlaf oder sexuelle Handlungen an einer zum Widerstand unfähigen Person. Ines Pfister war als der mutmassliche ...» Anna intervenierte «bitte nicht mutmasslich, sondern behauptete» – Fried runzelte einmal mehr die Stirn und wiederholte «der behauptete sexuelle Missbrauch geschehen sein soll, in Narkose und damit widerstandsunfähig.» «Ich werde Ihnen nun zu diesem Vorhalt einige Fragen stellen müssen.» Anna intervenierte wieder: «Ich hatte bisher nur zehn Minuten Zeit, um mit meinem Klienten zu reden. Ich denke, bei der Schwere des Vorwurfes ist es mit zehn Minuten für die Verteidigung nicht getan. Der Sachverhalt ist nunmehr bekannt und angezeigt. Die entsprechende Patientenakte ist wahrscheinlich heute Morgen beschlagnahmt worden. Ich muss mit meinem Klienten reden können. Auch über eine allfällige Siegelung der beschlagnahmten Patientenakte. Ich bitte Sie daher, die Einvernahme um eine halbe

Stunde zu unterbrechen, ansonsten ich meinem Klienten empfehle, die Aussage zu verweigern.» Fried schaute sie irritiert an. «Wird Ihr Klient dann aussagen?» «Das weiss ich noch nicht, ich müsste ja erst mal mit ihm reden. Heute Morgen, als ich kurz mit ihm sprechen konnte, war der genaue Vorwurf ja noch gar nicht bekannt. Aber glauben Sie mir, er hat jeden Grund, Licht in dieses Dunkel des Vorhaltes zu bringen.» Fried schien abwehrend, dachte nach und meinte schliesslich: «Herr Linard wurde auf seine Rechte hingewiesen, weiss, dass er die Aussage verweigern kann, was er ja schon mal beim Namen der Eltern getan hat, und er kann auch nach der Einvernahme mit Ihnen reden. Ich ziehe es vor, jetzt mit der Einvernahme fortzufahren.» Anna schaute Gian Cla an. Dieser nickte und Anna bestand nicht weiter auf einem vorgängigen Gespräch mit Gian Cla. Sie hatte ihm ja erklärt, welche Fragen er nicht beantworten musste, ja, dass er jede Antwort verweigern konnte. Zudem war Gian Cla nicht dumm.

Fried stürzte sich direkt in medias res: «Kommt es häufiger vor, dass während, vor oder nach einem Untersuch die Arztgehilfin den Untersuchungsraum verlässt beziehungsweise sind Sie öfter mit Patientinnen oder Patienten allein?» «Kaum je», antwortete Linard. «Das war vorgestern auch nur so, weil ich Frau Pfister auf Drängen ihres Hausarztes am Ende eines langen Tages noch in meinen Tagesplan hatte reinpressen müssen. Frau Kovac und ich hatten deshalb tagsüber für nichts sonst Zeit gehabt, wir hatten auch kaum etwas gegessen. Zeit, die vielen Briefe auf die Post zu bringen, hatte Frau Kovac vor lauter Stress auch nicht gehabt. Das kommt selten vor. Deshalb bat sie mich, als die Untersuchung um etwa viertel vor sechs beendet war, noch kurz auf die Post gehen zu dürfen. Die Post ist gerade auf der anderen Strassenseite gegenüber der Praxis, weshalb ich diesbezüglich keine Probleme sah. Wenn die Patientin in dieser Zeit aufwachen sollte, wäre ich ja bei ihr.» Linard hielt einen Augenblick inne und meinte: «Es scheint, dass ich ein dummer Naivling bin – ich hätte ja gerade nicht bei ihr sein dürfen. Frau Kovac war kaum länger als zehn bis dreizehn Minuten abwesend. Von diesen Minuten war Frau Pfister bereits wieder einige Minuten wach, als Frau Kovac hereinkam.» Zornesröte zog sich plötzlich über Linards Gesicht. «Wie sollte ich denn, ein nicht vorbestrafter 50-jähriger, völlig ermüdet und gestresst von diesem langen Tag bei der letzten Patientin nach der Untersuchung in kaum zehn Minuten den Beischlaf oder eine andere sexuelle Handlung vollzogen haben, die sofort schwere Blutungen auslöste? Da müsste doch auch mein Ärztekittel Blutspuren haben. Wurde mein Untersuchungskittel beschlagnahmt? Meines Wissens waren keine Blutspuren darauf.» Fried antwortete nicht, fragte stattdessen: «Die Blutungen bei der Patientin, haben Sie die gesehen?» «Nein, aber Frau Kovac hat sie gesehen. Frau Pfister hat offenbar geblutet. Aber durch den Stress der Untersuchung, durch den Stress der ganzen Situation, in Anbetracht dessen, dass die Patientin seit sechs Monaten keine Periode mehr gehabt hat, ist es durchaus möglich, dass die erste Periode nach der Geburt durch diesen Untersuch ausgelöst worden ist. Frau Pfister war schon länger leidend und wahrscheinlich stand sie auch unter psychischem Druck. Vielleicht sollte man die behandelnde Gynäkologin noch zuziehen. Per l'amur da Dieu (um Gottes Willen), wo bin ich da bloss hineingeraten?»

«Nochmals zurück zur Zeitspanne, in der sie mit der Patientin allein waren, denn nur die ist vorliegend relevant», wiederholte Fried. «Erklären Sie mir nochmals genau den ganzen zeitlichen Ablauf der Untersuchung. Wann hat Frau Kovac das Zimmer verlassen, was haben Sie dann getan, wann wurde die Patientin wach, wie reagierte sie und wann genau kam Frau Kovac wieder zurück?»

«Also», Gian Cla seufzte, „der Untersuch fing um ca. 17.20-17.25 Uhr an. Da spritzte ich ihr das Propofol, eine Art starkes Beruhigungsmittel, das anästhesierend wirkt und in aller Regel gut vertragen wird. Der Untersuch verlief problemlos, vielleicht etwas länger als sonst, weil ich ihr noch ein paar Gewebeproben entnommen habe. Da waren einige Entzündungen in Magen und Speiseröhre. Als der Untersuch vorbei war, ging Frau Kovac kurz nach 17.45 Uhr weg und ich überwachte das Aufwachen der Patientin und beschriftete die entnommenen Proben. Die Patientin wurde etwas unruhig wach, was bei Propofol-Anästhesierungen eher selten ist. Frau Pfister glaubte sich zuerst allein, hat mich wohl hinter dem Paravent, der neben der Liege stand, nicht bemerkt. Ich sprach sie an, teilte ihr mit, dass aus meiner Sicht alles gut verlaufen war. Sie sah mich höchst beunruhigt, ja geradezu entsetzt an und fragte nach Frau Kovac. Ich erklärte ihr, dass Frau Kovac bald zurück sei und ihr den Kaffee bringen werde. Die Patientin verhielt sich schon sehr seltsam, aber nie hätte ich gedacht ...» Er stockte. «Kannten Sie die Patientin Pfister schon von früher, beziehungsweise hatten Sie irgendeinen ausserberuflichen Kontakt mit ihr oder ihrer Familie?» «Was soll diese Frage?» Gian Cla wurde jetzt doch immer ungehaltener. «Natürlich nicht, sie war das erste Mal bei mir, angemeldet von ihrem Hausarzt.»

Fried lehnte sich zurück und sagte: «Nun noch zu einem anderen Punkt. Führen Sie eine gute Ehe?» «Eine normale Ehe, wie viele andere auch», antwortete Gian Cla gereizt. «Meine Frau und ich sind seit 22 Jahren verheiratet, haben zwei Töchter grossgezogen, begegnen einander respektvoll und meine

Frau unterstützt mich in allem.» Hm, dachte Anna, das wollte Fried wohl nicht hören, und schon kam die erwartete Frage: «Wie sieht es in ihrem Liebesleben aus?» «Die Frage ist mir zu intim», antwortete Gian Cla. «Aber ich habe keine Freundin, wenn Sie das meinen, und suche auch keine.» «Tut mir leid, ich muss Sie das fragen. Ich muss Sie auch fragen, wie viel Sie pro Jahr verdienen.» «Da müssen Sie meinen Buchhalter fragen», antwortete Linard ausweichend, was in diesen Situationen fast alle selbständig tätigen Männer sagten. «Warum müssen Sie das denn wissen?» «Für den Fall, dass eine Geldstrafe ausgesprochen wird, richtet sich diese nach Verschulden und Einkommen des Beschuldigten. Eine rein vorsorgliche Frage.» «Darf das gefragt werden, solange die Unschuldsvermutung noch gilt? Sie nehmen da doch bereits ein mögliches Verschulden vorweg?», fragte Linard ungehalten. «Doch, ich darf das vorsorglich fragen.» Anna fand das nicht so klar, verkniff sich aber eine Bemerkung. Es hatte keinen Sinn, sich jetzt schon mit dem Staatsanwalt anzulegen und mit Grundsatzdiskussionen zu beginnen. Gian Cla wollte die Frage erst nach Kontaktierung des Buchhalters beantworten. Fried liess das durch. Ungern, wie Anna vermutete. Bei Staatsanwälten und Richtern war die Frage nach dem Einkommen wohl meist nicht nur beruflich motiviert. Neugier war ein allgemein menschliches Phänomen. Beweisen konnte Anna das nicht.

Nach zwei Stunden schloss Fried die Einvernahme Linards fürs Erste ab. Anna bat Gian Cla draussen zu warten. Sie wollte mit Fried noch das weitere Vorgehen besprechen. Fried war zum Glück auch der Meinung, dass nach Beschlagnahmung der Patientenakte keine Verdunkelungsgefahr mehr bestehen würde. Gian Cla musste nicht in Haft bleiben und konnte nach Hause gehen. Es würde allerdings zu weiteren Einvernahmen, eventuell auch zu einer Konfrontationseinvernahme kommen. «Wann werden Sie Frau Pfister befragen? Ich nehme nicht an, dass Sie sie bereits persönlich einvernommen haben?», fragte Anna. «Nein», antwortete Fried, «aber Wachtmeister Lerch hat Frau Pfister schon befragt, daher kenne ich ja auch den Vorhalt. Ich werde sie selbst nochmals befragen, aber erst, wenn ich die Ergebnisse der gynäkologischen und der kriminaltechnischen Untersuchung habe.» «Letztere sind?», fragte Anna. «Nun, wir haben natürlich den Abfall der Praxis untersucht, den Wäschekorb, und was dabei genau gefunden wurde, weiss ich noch nicht. Sobald aber alles vorliegt, werde ich Herrn Linard mit den Ergebnissen konfrontieren.» «Werden Sie auch Frau Kovac befragen?» «Das ist bereits geschehen, auch durch Wachtmeister Lerch. Ich werde sie aber auch nochmals befragen. Sie werden also die Verteidigungsrechte wahrnehmen können, wenn Sie bei diesen Einvernahmen dabei sind.» «Darf ich die Akten einsehen?» «Noch nicht, erst wenn die Untersuchungsergebnisse vorliegen. In dieser Zeit darf Herr Linard nicht mit Frau Pfister oder Frau Kovac sprechen. Die Praxis muss für ein paar Tage geschlossen bleiben. Wachtmeister Lerch hat Frau Kovac entsprechend informiert und ihr auch mitgeteilt, dass sie eingetragene Untersuchungstermine verschieben muss.»

Anna ging mit Gian Cla ins Anwaltszimmer. Dort teilte sie ihm mit, dass die Praxis ein paar Tage geschlossen bleiben müsse und er mit Frau Kovac nicht reden dürfe. Gian Cla reagierte ungehalten: «Wie stellt sich der Staatsanwalt das denn vor? Es ist keine kleine Sache, acht Patienten pro Tag abzusagen.» «Nun, ich denke, Sie müssen mit einer längeren Zeit rechnen.» «Das glaube ich ja nicht!», stöhnte Gian Cla. «Was kann denn noch alles passieren, Anna?» «Schauen Sie, Gian

Cla, jedes Strafverfahren kann eine eigene Dynamik entwickeln, die man nicht immer voraussehen kann. Alles ist möglich, auch Unrecht. Aber so wie Sie den Fall darstellen, und das entspricht ja in etwa dem, was der Staatsanwalt Ihnen vorgehalten hat, habe ich Mühe, mir vorzustellen, dass es zu einem Strafbefehl beziehungsweise zu einer Anklage kommen wird. Nur kann ich nie Garantien abgeben. Staatsanwalt Fried ist ein sehr genauer Staatsanwalt, zwar kein freundlicher oder gar toleranter Mensch, aber er ist auch nicht einer, der Sie «reinreiten» möchte. Nehme ich jedenfalls mal an. Ich habe richtig verstanden», fuhr Anna das Thema ändernd fort, «dass Sie keine eingetragenen Vorstrafen haben?» «Ja», antwortete Gian Cla, «nicht mal Verkehrsbussen.» Anna lächelte, «da sind Sie eine Ausnahme, davon habe ich mehrere.»

«Gian Cla», sagte Anna dann, «mit diesen vielen Debatten heute, nicht zuletzt seit der «MeToo» Bewegung, kann es sich kein Staatsanwalt leisten, leichtfertig über eine solche Strafanzeige hinweg zu gehen. Sie müssen also mit einer mühsamen Zeit rechnen und sich darauf einstellen, so gut es geht. Alles, was ich hoffe, ist, dass nichts an die Öffentlichkeit gelangt. Wie sehr kann man Frau Kovac vertrauen?» Gian Cla runzelte die Stirn. «Sie ist erst seit drei Monaten bei mir, ich habe einen guten Eindruck von ihr. Aber wie kann man verhindern, dass Frau Pfister oder ihr Mann alles herumerzählt. Ich halte dies vorerst für nicht sehr wahrscheinlich, auch Opfer stehen nicht besonders gern in der Öffentlichkeit, aber natürlich, möglich ist es.» «Wie schätzen Sie Frau Pfister ein?» «Nun ja», meinte Gian Cla, «eine Frau, die glaubt, gerade in der Narkose missbraucht worden zu sein, ist schwer zu beurteilen. Dann steht sie noch immer unter dem Einfluss der Geburt und der schwierigen Zeit danach. Sie ist gestresst, das fiel mir schon auf, schliess-

lich hat sie einen Säugling zu Hause. Aber sie war – wie gesagt – das erste Mal bei mir. Stress ist im Übrigen oft auch eine Mitursache von Magen- und Refluxbeschwerden. Von Beruf ist sie meines Wissens kaufmännische Angestellte, aber auch das gibt nicht viel Auskunft über ihre Person. Ich denke, man müsste auch bei ihr schauen, ob es ein Vorstrafenregister gibt.»
«Es wäre höchstens interessant», meinte Anna, «zu erfahren, ob sie schon einmal in einer solchen Situation gewesen ist – oder ob es Einträge wegen Verleumdung oder falscher Anschuldigung gibt. Wir werden das kontrollieren. Da Sie Frau Pfister jedoch vorher nicht kannten, hatte sie meines Erachtens wohl keinen Grund, Sie persönlich zu belasten. Ich kann mir auch nicht vorstellen, dass Frau Pfister von jemandem sozusagen als Kuckucksei missbraucht worden ist. Oder fällt Ihnen ein Feind oder eine Feindin ein, der oder die sie so hasst, dass er oder sie Ihnen Böses antun will?» Gian Cla schien einen Augenblick zu zögern, bevor er das verneinte. Anna bemerkte das, wollte aber aus diesem gestressten Mann vorerst nicht noch mehr herausholen.

«Hatten Sie den Eindruck, dass der Staatsanwalt mir glaubt?» Gian Cla sah sie fragend an. «In diesem Stadium des Verfahrens darf der Staatsanwalt sich noch nicht dazu äussern, ob er Sie für schuldig hält oder nicht. Mein Eindruck war jedoch nicht, dass er Ihnen nicht glaubt. Er schien mir auch etwas verunsichert von dieser seltsamen Geschichte. Beweismässig dürfte nicht allzu viel Fleisch am Knochen sein. Die Kriminaltechnik wird wohl kein Kondom in Ihrem Abfall gefunden haben und auch keine Spermaspuren, nehme ich an.» Gian Cla verdrehte die Augen. «Wie geht's weiter?», fragte er. «Sie müssen sich der Staatsanwaltschaft zur Verfügung halten, vorläufig jedenfalls. Ich werde nochmals mit Staatsanwalt Fried reden und fragen, ob Sie nicht dennoch arbeiten können mit der Zusicherung, dass ständig eine Arztgehilfin, vielleicht nicht gerade Jana Kovac, anwesend ist. Am besten rufen Sie jetzt Kathrin an und ich empfehle Ihnen dringend, ihr mitzuteilen, worum es geht.»

Gian Cla und Kathrin

Bevor Gian Cla die Staatsanwaltsanwaltschaft verliess, rief er Kathrin an und bat sie, ihn abzuholen. Es war nicht weit vom Stauffacher nach Wollishofen. Er fühlte sich schrecklich, wie schwer geprügelt. Alles tat ihm weh. Er rechnete damit, jeden Augenblick aufzuwachen, wie aus einem bösen Traum eben. Aber es war kein Traum. Wie sollte er Kathrin die Situation erklären? Wie seinen Töchtern? Wie seinen Kollegen? Wie dem Vorstand der Ärztegesellschaft? Und dem Parteivorstand? Bei der Vorstellung dieser bevorstehenden Gespräche bekam er Atemnot. Es würde nicht alles wieder gut werden – das spürte er. Anna hatte ein feines Gespür gezeigt. Als sie nach Feinden gefragt hatte, hatte sie sein Zögern bemerkt, sie würde nochmals darauf zurückkommen. Er war sich nicht sicher, ob er überhaupt Feinde hatte, solch böse, intrigante Feinde. Nur eine Person kam ihm in den Sinn. Aber wie hätte diese so etwas bewirken können? Nein, er hatte einfach Pech gehabt. Doch was war das bloss für eine Scheisssituation. Das konnte man sich nicht vorstellen, wenn man noch nie Beschuldigter in einem Strafverfahren gewesen war. Völlig rechtlos hatte er sich am Morgen gefühlt, als sie ihn festgenommen hatten. Aus dem angesehenen Dr. Linard war in einer Sekunde ein Beschuldigter, ein möglicher Sexualtäter, ein Gefangener, ein Aussenseiter geworden. Wie schnell konnte das gehen. Dabei hatte er doch der Pfister nichts getan, aber gar nichts. Warum konnte eine so dünne Aussage von einer nervösen, möglicherweise hysterischen Frau solche Folgen haben? Wie schlimm konnte es denn überhaupt noch werden? Anna hatte darauf hingewiesen, dass die ganze Angelegenheit auch an die Öffentlichkeit kommen könnte. Das war die schlimmste aller Vorstellungen. Schon deshalb musste er seine Kollegen möglichst bald informieren. Aber nachher würde alles anders sein. Selbst dann, wenn er von Schuld und Strafe freigesprochen, beziehungsweise wenn das Strafverfahren eingestellt werden würde. Immer würde es heissen «Da war doch mal was?» «Kein Rauch ohne Feuer», hiess es doch. Und Gian Cla machte sich nichts vor. Seine Karriere als Arzt war wahrscheinlich heute zu Ende gegangen, sicher mal vorläufig.

Er sah Kathrin mit dem Familienwagen um die Ecke kommen. Er stieg ein. Die kurze Strecke bis nach Hause schwiegen beide. Zu Hause setzten sie sich an den Esstisch und Kathrin öffnete eine Flasche Wein. «Du kannst jetzt ein Glas gebrauchen», meinte sie, «und ich auch.» Gian Cla war Kathrin dankbar, dass sie ihn nicht sofort mit Fragen überfiel. «Wo sind die Mädchen?», fragte er. «Eigentlich wollten sie bei diesem Gespräch dabei sein. Die Festnahme von heute Morgen hat sie sehr erschreckt. Sie werden nach acht Uhr kommen und es wäre gut, wenn du auch mit ihnen noch reden könntest.» «Gian Cla atmete tief ein. «Ja Kathrin, ich, beziehungsweise wir alle sind in einer schwierigen Situation. Eine Patientin hält mir vor, dass ich sie während eines Untersuchs, einer Magenspiegelung, in der Narkose missbraucht hätte. Als sie aufwachte bemerkte sie vaginale Blutungen. Nun, so wie die Untersuchung ablief, entbehrt ihre Anschuldigung jeglicher Grundlage. Das findet Anna auch. Das dumme – und daran hatte ich nicht gedacht – ist der Umstand, dass unmittelbar nach dem Eingriff, als die Patientin noch in der Narkose war,

Frau Kovac noch rasch auf die Post gehen musste. Sie war knappe zehn Minuten weg, denn die Post ist ja gerade gegenüber auf der anderen Strassenseite. Doch als die Patientin aufwachte, waren wir, sie und ich, kurz allein. Und da muss ihr der gefährliche Gedanke gekommen sein, dass die Blutungen aufgrund irgendeiner Manipulation meinerseits zustande gekommen seien, was bei einer Magenspiegelung nun mal nicht auf der Hand liegt. Wie auch immer, Kathrin, ich möchte dir noch nicht jedes Detail erklären, ich bin völlig fertig.» Kathrin hatte Tränen in den Augen. Sie schwieg. «Anna meint», fuhr Gian Cla fort, «dass die Geschichte viel zu dünn sei und dass es zu keiner Anklage kommen werde. Sie gibt sich sehr viel Mühe mit mir, aber sie hat natürlich ihre Erfahrungen mit solchen Fällen und versucht gar nicht erst, mich zu belügen. Wir müssen auch damit rechnen, dass der Fall in die Medien kommt. Ich darf nicht daran denken. So oder so werde ich etliche Personen informieren müssen: Meine Kollegen, den Vorstand der Partei, die Ärztegesellschaft und ich denke auch meine Mutter in Scuol. Wahrscheinlich musst du auch deine Eltern informieren, schon rein vorsorglich.» Kathrin schenkte beiden ein zweites Glas Wein ein. «Ausgerechnet du sollst eine Frau in der Narkose missbraucht haben, das kann doch gar nicht sein, wie wir doch beide wissen», flüsterte sie. «Nun, der Vorwurf steht», antwortete Gian Cla, «und ich muss mich mit diesem Vorwurf in einem Strafverfahren auseinandersetzen. Schlimmer noch, er wird immer wie ein schlechter Geruch an mir haften bleiben.»

«Könnte es sein?», fragte Kathrin, «dass dich jemand reinlegen will? Vielleicht solltest du Anna über das Stalking informieren.» Gian Cla runzelte die Stirn „Ich kann mir nicht vorstellen, dass Tina Holt etwas damit zu tun hat. Schon Anna hat etwas in diese Richtung gefragt, nämlich, ob ich Feinde hätte.» «Ich denke», antwortete Kathrin, «Stalkerinnen sind noch gefährlicher als gewöhnliche Feinde. Sie sind obsessiv und krank.» «Ich werde es mir überlegen», sagte Gian Cla, «ich bringe das alles nicht richtig zusammen. Bitte Kathrin, ich habe die Nerven nicht mehr, den Mädchen gegenüberzutreten. Könntest du sie informieren, einfach kurz zusammengefasst, und ihnen mitteilen, dass Anna überzeugt sei, dass ich unschuldig bin, dass aber dieser Vorwurf mich – und euch – möglicherweise einige Zeit lang verfolgen wird. Vielleicht wäre es gar nicht so schlecht, wenn die Mädchen für ein paar Wochen – es ist ja bald Weihnachten – zu deiner Schwester Helene in die USA fliegen würden. Ich hätte sie gerne aus der Brandzone raus.» «Das werden sie nicht tun, Gian Cla. Sie werden uns beistehen wollen, beide, und vergiss nicht, es sind keine kleinen Kinder mehr. Wir können sie gar nicht vor dem bewahren, was kommt. Leider. Aber ich hoffe, dass wir sie so erzogen haben, dass sie irgendwie damit umgehen können.»

«Aber wenn ich mir vorstelle, wie ich mich gefühlt hätte, wenn man meinen Vater einen solchen Vorwurf gemacht hätte, dann wird mir richtig schlecht. Nicht so sehr wegen meines Vaters, mit dem kam ich eh nie gut aus, aber wegen dem, was es für meine Mutter bedeutet hätte», sinnierte Gian Cla vor sich hin. «Nun, dein Vater ist mittlerweile dement, aber deine Mutter wird es jetzt auch durchstehen müssen. Ich denke, es wäre gut, wenn du nächstes Wochenende ins Engadin fährst und mit ihr sprichst. Sie wird zu dir stehen, ohne ‹Wenn und Aber›». Gian Cla stützte den Kopf in seine Hände. «Was ist das bloss, ich mache alle unglücklich, dich, unsere Töchter, meine Mutter.» «Das stimmt so nicht und das weisst du auch», antwortete Kathrin. «Also, zieh dich zurück, wenn dir das hilft, am besten nimmst du eine Schlaftablette und ich werde Seraina und Ladina entsprechend informieren.»

Als Gian Cla die Treppe hinauf in sein Schlafzimmer ging, wusste er, dass einer der schlimmsten Tage seines Lebens zu Ende gegangen war. Doch es würden noch weitere folgen.

Die Befragung von Jana Kovac

Am Montag nach der Einvernahme rief Anna Staatsanwalt Fried an und fragte, ob Gian Cla Linard weiterarbeiten könne, wenn bei den Untersuchungen eine andere Praxishilfe anwesend sein würde. Staatsanwalt Fried meinte, dass er da keine Probleme sehe, Linard dürfe einfach nicht mit Frau Kovac über den Fall sprechen, solange er, Fried, diese noch nicht einvernommen habe. Anna fragte auch gleich nach dem Termin für die Einvernahmen von Kovac und Pfister. «Am Montagmorgen, dem 10. Dezember, 9 Uhr», antwortete Fried, «zuerst Kovac, dann Pfister.» Ihr sei doch schon klar, dass Gian Cla vorerst mal nicht dabei sein dürfe. «Das muss er auch nicht», meinte Anna, «auch nicht per Video, solange ich dabei bin.» Daraufhin rief Anna Gian Cla an und informierte ihn über das Resultat der Besprechung mit Staatsanwalt Fried. «War das Wochenende sehr schlimm?», fragte sie schliesslich. Gian Cla zögerte etwas und meinte dann. «Kathrin und ich hatten ein gutes Gespräch. Ich hab's nicht mehr geschafft, mit Ladina und Seraina zu reden. Ich war so was von «am Ende». Und es ist für mich so beschämend. Kathrin hat dann mit ihnen gesprochen. Sie ist am Samstag mit ihnen ins Engadin gefahren.»

Die Woche ging äusserst zäh vorbei. Jana Kovac wurde bis zu ihrer Einvernahme durch Staatsanwalt Fried freigestellt. Eine Ersatzassistentin übernahm ihre Aufgaben.

Anna gab ihrem Praxissubstituten Rolf Kühne, einem Studenten kurz vor der Masterarbeit, den Auftrag, sich mit den Präjudizien aus den verschiedenen entsprechenden Gerichtsentscheiden aus der Vergangenheit schlau zu machen. Wie waren ähnliche Fälle von Schändung oder sexuellem Missbrauch durch Ärzte gehandhabt und gerichtlich beurteilt worden? Sie erinnerte sich an den Fall des Orthopäden, der vor ein paar Jahren wegen sexuellen Missbrauchs verurteilt worden war. Der Vorwurf lautete, dass der Orthopäde vor der Operation hatte abklären wollen, ob aus dem Genitalbereich der Frauen herrührende schädliche Bakterien die Knieoperation gefährden könnten. Mehrere Frauen hatten behauptet, dass der Orthopäde sie dort auch «untersucht» hätte – und gegen die Aussage mehrerer Patientinnen war schlecht anzukommen. Der Orthopäde war verurteilt worden. Was er genau gemacht hatte, war Anna aus den verschiedenen Presseartikeln nicht ganz klar geworden. Aber es war ja auch nicht ihr Fall gewesen. Vor einigen Jahren waren auch zwei Gynäkologen wegen Schändung in die Schlagzeilen geraten. Rolf Kühne musste nun die entsprechenden Gerichtsentscheide heraussuchen, für sie zusammenfassen und interpretieren.

Zu Gian Cla's Persönlichkeit selbst gab es eigentlich nichts zu recherchieren. Er hatte keine Vorstrafen, war nie negativ in der Öffentlichkeit aufgefallen, auch nicht jetzt im Rahmen seiner Kandidatur für den Kantonsrat. Er galt als ruhige, besonnene, eher introvertierte Persönlichkeit. Er war kein geselliger Mensch, kein Partylöwe, kein Sprudel an Temperament, verdiente viel, aber nicht zu viel, doch den gut verdienenden Ärzten war der Neidfaktor eh immer gewiss. Über seine Familie wusste sie nicht viel. Seine Eltern lebten noch im Engadin, dort, wo Gian Cla aufgewachsen war. Anna glaubte nicht, dass er irgendwelche Leichen im Keller hatte, doch Überraschungen gab es immer wieder und Anna liebte keine Überraschungen mitten im Verfahren.

Am Montagmorgen, den 10. Dezember 2018, erschien Anna pünktlich um 9 Uhr im Büro von Staatsanwalt Fried an der Zweierstrasse in Zürich. Sie trug ihr elegantes, dunkelgraues Gerichtskostüm mit einer weissen Bluse. Wie immer bei beruflichen Einsätzen war sie perfekt geschminkt. Ihre Haare waren frisch gewaschen und mit Gel in Form gebracht. Sie legte Wert darauf, gut auszusehen und wusste nur zu gut, dass gerade Frauen in Berufen wie dem ihren auch danach beurteilt wurden, ob das nun richtig war oder nicht. Auch ihren Klienten, Männern und Frauen, empfahl sie jeweils «anständig» zu Verhandlungen oder Einvernahmen zu erscheinen. Mit Schrecken erinnerte sie sich an eine Klientin, die zu den Besprechungen in ihrer Kanzlei immer völlig normal gekleidet erschienen war. Für die Gerichtsverhandlung hatte sie sich aber offenbar besonders hübsch machen wollen und tauchte vor Gericht in einem viel zu kurzen Kleid mit einem tiefen Ausschnitt auf. Dazu war sie noch grell geschminkt und hatte ihre Haare in Zöpfchen geflochten. Anna konnte es nicht beweisen, aber sie hatte den Eindruck, dass die Richter, ausgerechnet alles Männer, vor allem sie leicht verwundert angesehen hatten, als ob sie ihrer Klientin diesen Aufzug empfohlen hätte. Nun, ein schlechter Eindruck war ein schlechter Eindruck. Und der konnte unter Umständen die Richter negativ beeinflussen. Davon war Anna überzeugt, auch wenn das nicht zu beweisen war. Seit diesem Vorfall jedenfalls besprach Anna mit ihren Klienten vor der Verhandlung oder einer Einvernahme die Kleiderfrage. Ausserjuristische Einflüsse wie schlechter Eindruck, Sympathien, Antipathien spielten in der Rechtsfindung keine unerhebliche Rolle, denn Richterinnen und Richter sind auch Menschen. Nur wenige Richter zeigten solche Gefühle direkt, wie der Richter, der vor Jahren in einem Strafverfahren einem ihrer Klienten seine spitzen Schuhe vorgehalten hatte. Tat ein Richter das, schuf er einen Befangenheitsgrund. Doch die meisten Richter waren klug genug, ihre Gefühle nicht zu zeigen. Gleiches galt für Staatsanwälte, die ja, wenn auch in einem kleineren Masse, auch richterliche Befugnisse hatten. Auch sie hatten Macht über den Beschuldigten, konnten Einvernahmen und deren Ausgang steuern. Die Verteidigerin konnte das viel weniger. Der Umgang mit Staatsanwälten und Staatsanwältinnen war wegen der Nähe und Direktheit der Befragungen noch viel diffiziler als die Befragung durch Richter. Sie liessen sich viel häufiger zu negativen Äusserungen hinreissen als Richter, was auch daran lag, dass sie es tatsächlich oft mit schwierigen Straftätern aus der Nähe zu tun hatten. Für die Strafverteidiger jedenfalls waren staatsanwaltliche Einvernahmen immer wieder Herausforderungen – auch noch nach Jahren – manchmal war es ein richtiger Kampf um die Rechte der Beschuldigten. Anna fand das noch immer spannend, hatte jedoch in letzter Zeit festgestellt, dass zu viele solcher Kämpfe sie doch ermatten liessen. Sie war nicht mehr so kämpferisch wie früher, dafür erfahrener und zielgerichteter.

Um 9 Uhr würde Frau Kovac einvernommen werden, ab 10 Uhr Frau Pfister. Jana Kovac war schon da: Eine nicht sehr auffallende Frau Anfang 40, etwas übergewichtig, mit aufgestecktem braunem Haar. Sie war kaum geschminkt, wirkte sehr blass, aber das konnte auch an der situationsbedingten Nervosität liegen. Für die Einvernahme hatte sie einen dunkelblauen Hosenanzug gewählt. Sie war eine gepflegte Erscheinung. Staatsanwalt Fried eröffnete die Einvernahme. Zuerst machte er Frau Kovac auf die strafrechtlichen Folgen eines falschen Zeugnisses aufmerksam. Dann stellte er die Anwesenden vor. Frau Kovac war 43 Jahre alt, verheiratet und hatte keine Kinder. Sie war über zehn Jahre lang Arztgehilfin bei einem anderen Gastroenterologen in Zürich gewesen. Nach dessen Pensionierung hatte sie die Stelle bei Gian Cla Linard gefunden. Dort war sie jetzt seit drei Monaten angestellt und sie gab an, zufrieden mit ihrer Stelle zu sein. Dr. Linard sei ein anständiger Chef, nicht sehr gesprächig, sehr korrekt, vielleicht etwas abweisend, aber die Arbeitsbedingungen seien gut. Sie möge ihre Arbeit, vor allem den Kontakt mit den Patienten und Patientinnen. Bei Untersuchungen und Eingriffen, seien es jetzt Magenspiegelungen oder Darmspiegelungen, sei sie immer dabei. Sie bereite die Patienten vor. Es habe eine kleine Umkleidekabine, wo die Patienten ein Untersuchungshemd anziehen würden. Es sei nicht erwünscht, dass sie sich in den Strassenkleidern auf das Untersuchungsbett legen würden. Die Magenspiegelungen verliefen fast immer problemlos, auch das Narkotikum, das Propofol, würde jeweils gut vertragen. Diese Erfahrung hatte sie schon bei ihrem früheren Arbeitgeber gemacht. Die Patienten würden nach der Untersuchung recht schnell aufwachen, seien aber noch müde und «schwankend», wie sie es nannte, könnten aber in der Regel nach zehn, fünfzehn Minuten aufstehen.

Bei Frau Pfister sei alles normal verlaufen, führte Frau Kovacs weiter aus. Der Untersuch habe etwas länger gedauert, weil Dr. Linard noch eine Gewebeprobe entnommen hatte. Dr. Linard sei ein sehr gründlicher, sorgfältig arbeitender Arzt. Als der Untersuch um ca. 17:45 beendet war, habe sie Dr. Linard gebeten, noch auf die Post gehen zu dürfen, weil sie zuvor nicht dazu gekommen war – sie hatten den ganzen Tag ohne Pause gearbeitet. Doch eine Menge Post lag zum Versenden bereit, die noch gleichentags abgeschickt werden musste. Die Post würde um 18:00 Uhr schliessen. Dr. Linard habe gemeint, dass das kein Problem sei. Er würde so lange bei der Patientin bleiben. So sei es dann auch geschehen. Sie sei sicher nach circa 10 bis 12 Minuten wieder zurück gewesen, habe den Mantel abgelegt, ihre Hände gewaschen und sei dann sofort ins Untersuchungszimmer gegangen. Die Situation, die sie dort vorfand, habe sie als seltsam empfunden. Dr. Linard sprach, wie es schien, beruhigend auf die Patientin ein und die Patientin habe Dr. Linard angeschaut, als ob er der Teufel sei. Als Dr. Linard raus ging, habe die Patientin wissen wollen, ob sie allein gewesen sei. Nein, habe sie, Kovac, ihr geantwortet, Dr. Linard sei ja in der Aufwachphase bei ihr gewesen und sie, Kovac, sei ja nur kurz weg gewesen. Die Patientin habe sie entgeistert angeschaut und gefragt, was geschehen sei. Sie, Kovac, hätte geantwortet, dass alles gut gegangen sei. «Nein», meinte die Patientin, das kann nicht stimmen, ich habe schwere Blutungen.» «Komisch», habe Kovac geantwortet und die Decke, die die Patientin auf dem Untersuchungsbett zudeckte, gehoben. Tatsächlich habe sie die Blutungen gesehen und der Patientin Damenbinden gebracht. Sie habe die Patientin gebeten, sich noch etwas auszuruhen, sich dann anzuziehen und zu Dr. Linard ins Besprechungszimmer zu gehen. Doch kaum hätte sie sich wieder beim Empfang hingesetzt, sei die Patientin aus dem Untersuchungszimmer gestürzt. Sie hätte sich somit in kürzester Zeit angezogen, und sei aus der Praxis gerannt. Das habe sie schon sehr verunsichert. Kurz darauf sei Dr. Linard aus dem Besprechungszimmer gekommen und habe nach Frau Pfister gefragt. Sie habe ihm erklärt, was geschehen war. Er habe die Stirn gerunzelt und gemeint, dass der Stress einer Magen- oder Darmuntersuchung auch eine Monatsperiode auslösen könne.

Er würde versuchen, Frau Pfister noch telefonisch zu erreichen. Nein, an Dr. Linard sei ihr sonst nichts aufgefallen. Er schien ruhig und besorgt, sicher nicht wie ein Mann, der gerade eine Frau ...» Frau Kovac stockte: «Sie wissen schon, was ich meine.» Der sonst so korrekte Staatsanwalt Fried konnte sich die dumme Frage nicht verkneifen: «Wie sieht denn ein Mann aus, der gerade eine Frau missbraucht hat?» Frau Kovac errötete und Anna intervenierte: «Wie soll die Zeugin das denn wissen, Herr Staatsanwalt?»

Anna stellt nur eine Zusatzfrage: «Haben Sie mit jemandem über den Vorfall gesprochen?» Frau Kovac sagte nach kurzem Zögern: «Aber nein.» Anna, die auf ein Zögern immer reagierte, bohrte nach: «Sicher nicht?» «Nein», wiederholte Frau Kovac, und schaute weg.

Als Frau Kovac gegangen war, versuchte Anna mit Staatsanwalt Fried ins Gespräch zu kommen. Sie hatte bemerkt, dass auch er eher nachdenklich schaute. «Ist die Geschichte nicht reichlich dünn?», fragte sie ihn. Er zuckte mit den Schultern. «Dazu kann ich noch nichts sagen. Warten wir mal die Befragung der Anzeigeerstatterin ab.»

Die Befragung von Ines Pfister

Frau Pfister erschien mit einem ganzen Begleittross: Ihrem Ehemann Max Pfister, ihrer Opferhilfe-Anwältin Verena Geisser und einer weiteren Vertreterin des Opferschutzes. Staatsanwalt Fried machte ein Gesicht, als hätte er in zwei Zitronen gebissen. Doch Anna machte sofort klar, dass sie nur die Opferschutz-Anwältin im Raum akzeptieren würde. Der Ehemann würde, da emotional schwer betroffen, nur stören. Und die Anwältin als Vertretung des Opferschutzes würde wohl reichen. Es könne doch nicht angehen, dass aufseiten des behaupteten Opfers, und es müsse ja erst mal noch bewiesen werden, dass sie in diesem Fall auch wirklich Opfer sei, zwei bis drei Personen und aufseiten des Beschuldigten nur eine Person anwesend sein würden. Nach längerem Hin und Her, denn vor allem Max Pfister widersetzte sich, zog sich dann die Vertreterin der Opferhilfe selbst zurück, und das Gleichgewicht des Schreckens, wie Anna es nannte, war wiederhergestellt. Max Pfister wurde angewiesen, draussen oder wo auch immer, auf seine Frau zu warten. Die Einvernahme würde wohl über eine Stunde dauern. Bevor er den Raum verliess, fragte Max Pfister Anna: «Sitzt das Schwein auch draussen?» Anna antwortete scharf: «Herr Pfister, es muss sich erst noch erweisen, ob Dr. Linard ein, wie Sie es nennen, Schwein ist.» Auch Staatsanwalt Fried äusserte sich, wenn auch weniger deutlich, in diese Richtung. Es war ein Problem des Opferhilfegesetzes, dass es den Anzeigeerstatterinnen bereits gewichtige Zusatzrechte gab, bevor man genau wusste, was überhaupt vorgefallen war. So wurde die Anzeigeerstatterin nach der Strafanzeige schon als Opfer behandelt, während der Angezeigte schon als Täter behandelt wurde. Eine psychologisch schwierige Ausgangslage, die natürlich einmal mehr der Unschuldsvermutung widersprach.

Die Einvernahme begann somit schon in einer emotional sehr angeheizten Atmosphäre. Anna war erstaunt, dass Ines Pfister bei so viel Opferhilfepräsenz ihr Recht, durch eine Staatsanwältin befragt zu werden, nicht wahrgenommen hatte. Seltsam. Die Zeugenandrohung musste zweimal vorgelesen werden. Frau Pfister wollte sie partout nicht verstehen. Anna schaute sich Frau Pfister an. Sie wirkte jünger als ihre 28 Jahre, ganz besonders mit ihren jetzt geröteten Wangen. Sie war hübsch mit einem pfiffigen blonden Kurzhaarschnitt. Für eine Frau war sie gross, um einiges grösser als ihr Ehemann, und sie war sehr schlank, schon fast dünn. Im Gegensatz zu ihrem aggressiven Ehemann, der, das hatte Anna gleich bemerkt, auf das Verfahren keinen segensreichen Einfluss hatte, wirkte sie verunsichert.

Über die Magenspiegelung konnte Frau Pfister nichts sagen. Sie habe kein schlechtes Gefühl gehabt, als sie die Praxis betreten habe. Frau Kovac sei sehr liebenswürdig gewesen, habe ihr alles erklärt und sie für den Untersuch vorbereitet. Sie habe sich in einer kleinen Kabine umziehen müssen, eine Art Nachthemd anziehen und sich dann auf das Untersuchungsbett legen müssen. Frau Kovac habe sie mit einem Tuch zugedeckt. Dann erinnerte sie sich noch daran, dass ihr ein Zugang in die Armvene gesteckt wurde, sie sich auf die linke Seite habe drehen müssen und von da an setzte die Erinnerung aus.

Dann, so Frau Pfister weiter, sei sie sehr plötzlich und unruhig wach geworden. Nein, sie wisse nicht, wie lange sie geschlafen hatte. Als sie aufwachte, habe sie ein ganz schlechtes Gefühl gehabt, vor allem nachdem sie bemerkte, dass sie Blutungen hatte und ihrem Gefühl nach nicht wenige. Sie habe sich gefragt, was da geschehen war. Sie sei allein gewesen und habe Frau Kovac gesucht. Die Blutungen hätten sie beunruhigt. Seit der Geburt ihres ersten Kindes hatte sie keine Monatsblutung mehr gehabt. Zu Blutungen sei es jeweils nur gekommen, wenn sie und ihr Mann versucht hätten, miteinander zu schlafen. Es brauchte in dem Sinne nur einen kleinen Druck, eine leichte Manipulation und schon finge sie an zu bluten. Von allein habe sie nie Blutungen bekommen. Irgendwann habe sie Dr. Linard bemerkt, der hinter einem Paravent Notizen zu machen schien. Er teilte ihr mit, dass Frau Kovac ihr in circa fünf Minuten Kaffee bringen würde. Dann könne sie langsam aufstehen und sich bereit machen und danach zu ihm ins Besprechungszimmer kommen. «Ich möchte gerne mit ihnen die Untersuchung und die Ergebnisse besprechen», habe er ihr gesagt. «Wo ist Frau Kovac?», habe sie ihn beunruhigt gefragt. Er habe ihr mitgeteilt, dass sie in Kürze kommen würde und weiterhin beruhigend auf sie eingeredet. Nach vielleicht fünf Minuten sei Frau Kovac mit roten Wangen von der Kälte reingekommen und habe ihr den Kaffee gebracht. Da habe Dr. Linard das Untersuchungszimmer verlassen.

Sie habe Frau Kovac gefragt, «War ich mit Dr. Linard allein?» Frau Kovac habe sie erstaunt angeschaut und gesagt «ja, kurz». Sie habe dann versucht, aufzusitzen, aber es sei ihr schwindlig geworden und sie habe sich wieder hinlegen müssen. «Ich blute so stark, was ist denn passiert?», habe sie weiter gefragt. Frau Kovac meinte nur, dass der Stress einer Untersuchung eine Monatsblutung auslösen könne. Sie würde ihr ein paar Damenbinden bringen. Frau Kovac habe ihr dann auch ein Paket Damenbinden gebracht, sie aufgefordert, sich noch etwas auszuruhen, sich dann anzuziehen und zu Dr. Linard ins Besprechungszimmer zu gehen. Beim Anziehen habe sie, Ines Pfister, festgestellt, dass ihr Untersuchungshemd rauf- und ihre Unterhose runtergerutscht war. Da habe sie sich gedacht, dass es dafür nur eine Erklärung geben könne. Herr Linard müsse sich an ihr zu schaffen gemacht haben. Hastig habe sie sich angezogen und sei in Panik an Frau Kovac vorbeigerannt, um die Praxis zu verlassen.

Frau Pfister fing an zu weinen. Sie habe nunmehr seit dem Untersuch Bauchkrämpfe und heftige Blutungen. Wie habe ihr Dr. Linard das nur antun können? Staatsanwalt Fried fragte nach einer kurzen Pause, «Sie wurden im Anschluss an die Untersuchung von einer Gynäkologin der Permanence im Hauptbahnhof untersucht. Was hat diese Ärztin festgestellt?» Die Gynäkologin habe eine Probe genommen, um zu prüfen, ob Spermaspuren vorhanden seien. Dann habe sie sie beruhigt und an die Opferhilfestelle verwiesen. Staatsanwalt Fried teilte Frau Pfister mit, dass der Untersuchungsbericht der Ärztin der Permanence noch nicht vorliege.

Dr. Linard sei der Meinung, sagte Fried, dass die Periode auch durch den Stress der Untersuchung ausgelöst werden könne. Frau Pfister schüttelte entschieden den Kopf. «Das glaube ich nicht, ich hatte noch nie eine durch Stress ausgelöste Monatsblutung, sie kommt entweder normal oder, seit der Geburt, wenn ich versuche, mit meinem Mann zu schlafen.» Staatsanwalt Fried schaute sie an. «Sie haben vor etwas mehr als sechs Monaten das erste Mal geboren. Wann haben Sie dann das letzte Mal versucht, mit Ihrem Mann zu schlafen, und hatten Sie da Blutungen?» «Ja, wir haben es vor zwei Wochen versucht, aber es setzten praktisch sofort Blutungen ein, die nach ein paar Tagen wieder aufhörten.» «Und wie oft haben Sie es seit der Geburt versucht?» «Nun», meinte Frau Pfister, «die ersten zwei Monate gar nicht und dann wöchentlich vielleicht einmal. Es ging nie gut.» «Hat Sie das gestresst?», fragte Fried. «Sicher», antwortete Frau Pfister. «Sie wissen aber schon», meinte Fried, «dass bei einer Magenspiegelung im unteren Bereich nicht manipuliert wird, im Gegensatz zu einer Darmspiegelung.» «Ja, ich bin doch nicht blöd», meinte Frau Pfister nunmehr etwas aggressiv. Die Opferhilfe-Anwältin schaltete sich ein. «Ich muss Sie bitten, Herr Staatsanwalt, die Geschädigte mit etwas mehr Fingerspitzengefühl zu befragen. Die Situation belastet sie ausserordentlich.» Fried reagierte überraschend geschickt. «Ich muss die Wahrheit feststellen, sowohl im Interesse Ihrer Klientin als auch im Interesse des Beschuldigten.»

Staatsanwalt Fried gab nun das Wort für Zusatzfragen an die Verteidigung weiter. Anna bemerkte, dass Frau Pfister sie abwehrend anschaue. Noch bevor sie die erste Frage stellen konnte, warf ihr Frau Pfister vor: «Wie können Sie bloss «so einen» verteidigen?» Die Opferschutz-Anwältin nickte zustimmend, was Anna noch viel mehr irritierte und was sie auch als höchst unprofessionell empfand. Sie antwortete kurz mit einem «Wir müssen schauen, ob Dr. Linard überhaupt «so einer» oder eben doch unschuldig ist, denn ein eindeutiger Beweis fehlt bisher.» Diese Bemerkung war auch für Staatsanwalt Fried gewesen.

Anna wiederholte eine Frage, die Staatsanwalt Fried bereits Linard gestellt hatte. «Kannten Sie Dr. Linard schon vorher, also vor der Untersuchung?» Das verneinte Frau Pfister. Sie sei das erste Mal bei Dr. Linard gewesen. Ihr Hausarzt hatte ihn ihr empfohlen. «Waren Sie schon einmal in einer ähnlichen Situation beziehungsweise wurden Sie schon mal sexuell belästigt?», fragte Anna weiter. Frau Pfister antwortete giftig, «sicher nicht von einem Arzt.» «Von wem dann?» fragte Anna ruhig weiter. Etwas verunsichert antwortete Frau Pfister: «Nun, eigentlich gar nicht.» «Was heisst 'eigentlich'»?, fragte Anna. Frau Pfister antwortete: «Ich habe kürzlich gelesen, dass jede Frau in ihrem Leben mindestens sechs Mal sexuell belästigt wird.» Staatsanwalt Fried schaltete sich ein: «Aber belästigt ist noch nicht missbraucht?» «Trotzdem», meinte Frau Pfister. «Das darf man keinem durchgehen lassen. Und einem Arzt, der die Wehrlosigkeit seiner Patientin ausnutzt, schon gar nicht.» Wiederum nickte ihre Anwältin zustimmend. Anna konnte es sich nicht verkneifen und sagte: «Hier geht es nicht um Ideologie oder Statistiken im Allgemeinen. Hier geht es nur um das Feststellen der Wahrheit im vorliegenden Fall. Also, ich möchte nicht wissen, wie es statistisch aussieht, ich möchte von Ihnen wissen, wurden Sie schon mal belästigt oder missbraucht?» «Ja», antwortete Frau Pfister, «vor zwei Wochen.» «Das meine ich nicht, ich meine vorher.» Frau Pfister wollte die Frage nicht beantworten.

«Was geschah», fragte Anna weiter, «als Sie nach dem Untersuch nach Hause kamen?» Frau Pfister antwortete, dass ihr Mann schon da gewesen sei und natürlich sofort bemerkt habe, wie aufgelöst sie war. Sie habe ihm alles erzählt, worauf er sie in die Permanence im Hauptbahnhof Zürich gebracht habe. Es sei schon nach 20 Uhr gewesen. Ihr Hausarzt oder ihre Gynäkologin waren nicht mehr erreichbar und die Permanence sei immer offen. Zum Glück habe gerade eine Gynäkologin Dienst gehabt. Die habe sie untersucht, verschiedene Abstriche gemacht und sie dann an die Opferhilfestelle verwiesen.

«Wie ist Ihre Ehe verlaufen seit der Geburt des Kindes?» «Das geht Sie nichts an», antwortete Frau Pfister heftig. Anna überging diese Antwort und fragte weiter. «Sind Sie seit der Geburt besonders deprimiert, genauer: Hatten Sie ein sogenanntes Baby blue, eine Depression nach der Geburt?» «Natürlich ist die Geburt ein einschneidendes Ereignis für eine Frau», meinte Ines Pfister. «Und für die Ehe?», fragte Anna. Frau Pfister antwortete wieder nicht. «Hat Ihr Mann sehr darunter gelitten, dass es nicht mehr zum regelmässigen Verkehr gekommen ist?» «Wir haben beide darunter gelitten.» «Macht er Ihnen Vorwürfe?» «Aber nein.» «Fühlen Sie sich schuldig?» «Nein», sagte Pfister, «worauf wollen Sie überhaupt hinaus?» Die Opferschutzanwältin schaltete sich ein. «Schon klar, worauf die Kollegin hinauswill. Ich finde, Sie sollten sich etwas mässigen, Frau Kollegin.» Anna wurde nun ihrerseits etwas heftiger und meinte: «Frau Kollegin, wir sind in einem Strafverfahren und nicht in einer Yogastunde. Frau Pfister macht meinem Klienten sehr schwere Vorwürfe, die sein Leben zerstören können. Da ist es das Mindeste, dass man versucht, so nahe wie möglich an die Wahrheit heranzukommen, denn Zeugen für den behaupteten Missbrauch gibt es ja wohl nicht.» Weitere Fragen wollte Anna nicht mehr stellen. Es war sinnlos.

Nun war es an der Opferschutzanwältin, ihre Fragen zu stellen. Die Fragen, das wusste Anna natürlich aus ihrer Erfahrung, zielten alle in die Richtung, eine möglichst hohe Schadenersatz- und Genugtuungssumme heraus zu holen. Es stellte sich heraus, dass Frau Pfister sich sofort nach dem Untersuch bei Dr. Linard in psychologische Behandlung hatte begeben müssen, dass sie die für den nächsten Monat vorgesehene Teilzeitarbeit nicht würde aufnehmen können und dass ihr daraus natürlich ein Schaden entstehe. Als Frau Pfister mit ihrem

Begleittross, der teilweise draussen gewartet hatte, die Staatsanwaltschaft verliess, meinte Anna gegenüber Staatsanwalt Fried «Die dünne Geschichte ist nicht dicker geworden.» Fried wirkte unzufrieden. «Warten wir den Bericht der Gynäkologin der Permanence noch ab. Der sollte heute oder morgen eintreffen. Ich werde mich dann bei Ihnen melden. Es wird wohl nochmals zu einer Einvernahme von Dr. Linard kommen, wenn wir ihn mit den Resultaten des Berichtes konfrontieren.» «Sofern es beweisrelevante Fakten gibt, mit denen er konfrontiert werden muss», meinte Anna und verabschiedete sich.

Als sie zurück in ihre Kanzlei fuhr, dachte sie über den Fall nach. Die Beweislage war sehr dünn. Auch hätte Linard nichts vorher «planen» können. Nicht er hatte Frau Kovac zur Post geschickt. Sie hatte ihn spontan nach dem Untersuch gefragt, ob sie noch zur Post gehen könne. Offenbar war das eher aussergewöhnlich und nur deshalb notwendig geworden, weil sie tagsüber nicht dazu gekommen war. Und in dieser kurzen Zeit hätte Dr. Linard spontan über die Patientin herfallen sollen? Kaum vorstellbar. Anna wusste als Frau, dass Stress eine Periode auslösen kann, vor allem bei einem noch nicht eingespielten Zyklus nach einer Geburt. Das würde jeder Gynäkologe bestätigen können. Die Krux des Falles war, dass Dr. Linard unbestritten circa zehn Minuten mit der Patientin allein gewesen war. Natürlich konnten die Blutungen schon während des Untersuchs entstanden sein, aber auch dafür gab es keinen Beweis. In den problematischen 10 Minuten, in denen Frau Kovac weg war, war die Patientin jedoch bereits wieder einige Minuten wach gewesen, was das mögliche *Deliktsfenster* weiter einengte. Diese kurze Zeit von wenigen Minuten des Alleinseins mit der Patientin war das Einzige, was Linard belastete. Die Geschichte ging nicht auf. Sie konnte sich nicht vorstellen, dass die Gynäkologin Spermaspuren finden würde, schon weil sie sich überhaupt nicht vorstellen konnte, dass Gian Cla die Patientin missbraucht hatte. Man hatte sicher auch den Abfall und die Wäsche der Arztpraxis untersucht. Interessant wäre noch herauszufinden, ob bei Linard Blutspuren gefunden worden waren. Wohl war Anna beruhigt, dass bisher nicht mehr, genauer gesagt, keine Beweise zutage gekommen waren. Dennoch war sie auch sehr besorgt. Der aufgeregte Ehemann Pfister, zwei Vertreterinnen der Opferhilfe – eine Anwältin und eine Psychologin – das würde wohl nicht lange geheim bleiben. Es war eine gefährliche Ausgangssituation für einen Beschuldigten wie Gian Cla. Gefährlich war auch, dass seitens der Opferhilfe und manchmal auch seitens der Polizei und später auch seitens der Medien der Opferstatus einfach angenommen wurde. Sicher, manchmal stellte sich die Rollenverteilung als richtig heraus, manchmal aber auch nicht – und dann wurden die Rollen getauscht: Der angebliche ehemalige Täter wurde reales Opfer einer falschen Anschuldigung durch das ehemalige Opfer.

Häufiger endeten solche Verfahren, wie so oft bei Sexualdelikten, in der Konstellation «Aussage gegen Aussage». Das führte wohl zur Einstellung des Verfahrens oder zu einem Freispruch des «Täters», doch waren die Folgen für beide Seiten unbefriedigend: Beide, Täter und Opfer wurden den Geruch der *ruchlosen Tat* nicht mehr los und blieben bis zu einem gewissen Grade für immer gebrandmarkt. Anna dachte an den Fall des amerikanischen Regisseurs und Schauspielers Woody Allen. Allen war ihres Wissens zweimal vom Vorwurf des Kindsmissbrauchs freigesprochen worden und wurde trotzdem seit über 20 Jahre immer wieder mit dem Vorwurf konfrontiert. Seine ehemalige Partnerin, die Schauspielerin Mia Farrow, hielt an diesem Vorwurf fest, was ihr ihrerseits wieder regelmässig vorgehalten wurde. Wo lag die Wahrheit? Wer wusste das schon? Die Crux war, dass in solchen Fällen meist ideologisch und emotional und nicht rational gefolgert und diskutiert wurde. Die Wahrheit interessierte nicht wirklich, vor allem der Umstand nicht, dass die Wahrheit nicht immer dort war, wo man sie gerne haben wollte. Als Rechtsanwältin war sie bis zu einem gewissen Grad befangen, musste sie ja sein. Indessen bemühte sie sich immer wieder, auch das ihren Klienten Belastende zu erkennen. Nur so war eine gute Verteidigung möglich.

Annas Gedanken

Anna hatte schlecht geschlafen und war darum beim Frühstück schlechter Laune, was ihre Töchter und ihr Mann gleich bemerkten. Sie kannten solche Situationen und liessen Anna in Ruhe. Flavio brachte sie nach dem Frühstück in ihre Kanzlei. Auf dem Weg dorthin unterhielten sie sich. Anna wusste, dass sie Flavio nicht zu viel erzählen durfte. So erzählte sie ihm nur, dass keine Beweise gegen Gian Cla vorhanden waren, dass sie trotzdem ein schlechtes Gefühl habe, da die Opferhilfe involviert sei, sie einen wütenden Ehemann angetroffen habe und sie nicht wissen wolle, was geschehe, wenn dieser Fall an die Medien gelange. «Dann kommst du auch wieder in diese Mühle», meinte Flavio. «Das kenne ich ja schon», meinte Anna. «Oft wird man in das Feindbild um den Klienten mit einbezogen. Das ist nicht das erste Mal. Ich denke, das ist eben ein Berufsrisiko. Ausserdem fällt es mir in diesem Fall eher leichter, denn ich glaube nicht an die Schuld von Gian Cla. Auch wenn mit ihm irgendwas nicht stimmt, beziehungsweise mit ihm und Kathrin, ich weiss bloss nicht, was es ist.» «Pass einfach auf dich auf», rief ihr Flavio noch nach, als sie vor ihrer Kanzlei aus dem Wagen stieg.

Gian Cla hatte sich zu einem Besprechungstermin um 10 Uhr angemeldet. Am Vorabend hatten sie kaum mehr miteinander sprechen können, Gian Cla schien völlig erledigt, worauf sie ihn bat, doch am nächsten Tag zu ihr in die Kanzlei zu kommen. Sie wollte ihn über die beiden Einvernahmen des

Vortags informieren. Zuerst jedoch fand sie noch eine Telefonnotiz, wonach sie Staatsanwalt Fried zurückrufen solle. Das tat sie. Fried teilte ihr mit, dass die Gynäkologin der Permanence nun ihren Bericht geschickt hätte, der aber nicht viel aussagte. Es habe keine Gewaltspuren gegeben. Die Patientin habe tatsächlich Blutungen gehabt. Sie als Ärztin könne jedoch nicht mit Sicherheit sagen, ob diese von einem Verkehr herrührten, ob sich eine erste normale Periode nach der Schwangerschaft eingestellt oder ob der Stress der Untersuchung diese verursacht hatte. Spermaspuren habe sie keine gefunden. «Da bin ich nicht überrascht», meinte Anna. «Ich auch nicht», antwortete Fried. Es war das erste Mal, dass er so etwas wie eine richtungsweisende Meinung von sich gab. «Gibt es schon einen Bericht von der Praxisdurchsuchung?» «Dieser liegt noch nicht schriftlich vor», antwortete Fried, «aber nach den mündlichen Ausführungen des polizeilichen Untersuchungsleiters scheint man ausser der Patientenakte nur wenig mitgenommen zu haben. Es wurden keine Beweisspuren im Abfall oder in der Wäsche, die allerdings schon gewaschen war, gefunden.» «Was geschieht jetzt?» fragte Anna. «Nun», meinte Fried, «ich warte noch den definitiven Bericht der kriminaltechnischen Untersuchung zur Durchsuchung der Arztpraxis ab und ich denke, dass ich dann eventuell nochmals mit Dr. Linard sprechen muss.» «Wie lange wird das ungefähr dauern?», fragte Anna. «Heute ist Dienstag. Ich denke, bis Ende Woche sollte ich wieder mit Ihnen Kontakt aufnehmen können», meinte Fried. Anna bedankte sich und hängte auf.

Anna dachte nach. Es war wie erwartet kein belastender Beweis aufgetaucht. Die Aussagen der Patientin und diejenigen von Linard und Frau Kovac widersprachen sich nicht, jedenfalls nicht was den Zeit- und Handlungsablauf betraf. Nur in der Interpretation der Vorgänge unterschieden sich die Aussagen. Aber Interpretationen waren nie objektive Beweise. Frau Pfister konnte das, was sie behauptete, nicht einmal selbst bezeugen. Sie hatte aufgrund der Blutungen auf einen Missbrauch geschlossen, ohne eine andere Erklärung auch nur zu erwägen. Da war noch das Problem der verrutschten Unterwäsche, etwas, das die Patientin während der ersten polizeilichen Einvernahme, nachdem sie Strafanzeige eingereicht hatte, noch nicht erwähnt hatte. Doch durch ein Rutschen auf der Liege konnte sich schon mal Unterwäsche verschieben. Auch das war kein stringenter Beweis gegen Linard.

Anna hatte nicht den Eindruck, dass Ines Pfister böswillig oder vorsätzlich Linard hatte *reinreiten*, beziehungsweise ihm hatte schaden wollen. Es bestand Übereinstimmung darin, dass sie sich zuvor nicht gekannt hatten. Anna befürchtete viel mehr, dass sich Ines Pfister völlig in ihre Version «Blutungen gleich Geschlechtsverkehr» hineingesteigert hatte – und zwar vom Moment des Aufwachens an. Das ging der jungen Mutter nicht mehr aus dem Kopf und sie stellte es auch in keiner Weise infrage. Diese Konstellation, die sich ins Obsessive entwickeln konnte, war nicht ungefährlich, zumal sie auch ihren Ehemann Max davon überzeugt hatte. Der gefiel sich jetzt darin, sich für Ines engagiert ins Zeug zu legen. Es war deutlich geworden, wenn auch nur zwischen den Zeilen hörbar, dass Ines und Max Pfister Probleme gehabt hatten mit der Situation nach der Geburt des Kindes. Sicher war Max Pfister frustriert gewesen, als er mit seiner Frau nach der Geburt vorerst keinen Intimverkehr mehr haben konnte. Er war ein ziemlicher *Macho* und wohl nicht der Geduldigsten und Einfühlsamsten einer. Vielleicht gefiel sich Ines jetzt auch in dieser Opferrolle, die ihr so viel Unterstützung und Aufmerksamkeit ihres Mannes einbrachte.

Ohnehin hatte Anna den Eindruck, dass die «me too» Debatte die Frauen auf eine Opferrolle fokussierte oder sie darin bestätigte. Das schadete etwa nicht nur den Männern, das schadete besonders auch den Frauen. Der Opferstatus ist nicht attraktiv und schwächt das Selbstbewusstsein der Frau. Wer fühlt sich auf Dauer schon wohl, Opfer zu sein? Das allerdings war Annas Meinung, die sicher nicht alle teilten.

Anna ärgerte sich über die Opferanwältin, die hier doch etwas mässigend hätte einwirken können. Aber sie hatte den Eindruck gehabt, dass auch die Opferanwältin ideologisch *eingespritzt* war, da ja jede, wie hatte Ines Pfister gesagt, sechste Frau in ihrem Leben einmal belästigt oder missbraucht wurde, oder war es jede Frau sechs Male? So oder so, Anna wusste, dass überzeugte Feministinnen diese Statistik dahingehend auslegten, dass jeder sechste Mann schon einmal eine Frau belästigt hatte – jede Mathematik und Logik ausser Acht lassend. Dass Ines Pfister nicht objektiv sein konnte, war nachvollziehbar, nicht in dieser emotional geladenen Situation. Aber ihre Anwältin konnte es, ja, musste es. Natürlich vertraut man soweit logisch und nachvollziehbar, der Version des Klienten oder der Klientin. Aber Anna hatte schon mehrmals Klienten widersprochen, wenn sie von ihren Versionen nicht überzeugt gewesen war. Anwälte sind wohl Interessenvertreter, aber sie dürfen nicht blind gegenüber ihren eigenen Klienten sein.

Natürlich wurden Frauen oft belästigt. Viele konnten sich auch wehren. Anna war es auch schon mehrmals passiert und sie hatte das Problem zweimal mit einer Ohrfeige gelöst. Das war allerdings unter Umständen auch gefährlich. Dennoch müssten Frauen und Mädchen lernen, sich klug zu wehren; jedenfalls, wenn dies möglich war. Vielleicht in Kursen oder schon in der Schule. Warum nicht mit Rollenspielen? Im

Gegenzug dazu hätten Knaben und Männer zu lernen, Mädchen oder Frauen nicht anzupöbeln oder zu belästigen und sich bewusst zu werden, was das für unangenehme rechtliche Folgen – nebst den sozialen – haben konnte. Nun, vielleicht machte sich Anna da Illusionen. Aber irgendwo und irgendwie muss man mit Aufklärung und Prävention beginnen.

Der Fall Gian Cla lag eh anders. Gegen eine Schändung wäre eine Abwehr gar nicht möglich, aber das Versteifen auf die Opferrolle natürlich schon. Auch sie musste als seine Rechtsanwältin versuchen, objektiv zu sein. Konnte sie objektiv Gian Cla etwas vorwerfen? Anna fiel auf Anhieb nichts ein. Er war nicht schuldig, davon war sie überzeugt. Er war sicher kein Frauenbelästiger, aber dennoch reagierte er irgendwie komisch. Nur zwei, drei Male war er richtig entrüstet gewesen, doch sonst schien er das Strafverfahren gegen ihn gelassen hinzunehmen, ja zu verdrängen. Sie hatte gestern Abend gar den Eindruck gehabt, er versuche, ihr auszuweichen.

Anna und Gian Cla

Pünktlich um 10 Uhr betrat Gian Cla die Kanzlei. Anna kam sofort zur Sache, informierte ihn über die beiden Einvernahmen von Ines Pfister und Jana Kovac und teilte ihm ihre Folgerungen und Gedanken mit. Gian Cla hörte scheinbar interessiert zu, schien aber dennoch irgendwie abgelenkt. «Wie ich gestern schon angedeutet habe, ist es nicht unmöglich, dass die Geschichte an die Öffentlichkeit kommen wird.» Jetzt schaute Gian Cla sie wieder alarmierter an. «Können wir das nicht verhindern?» «Nein», sagte Anna, «das können wir nicht. Sie haben selbst gesehen, wie in letzter Zeit vor allem grosse Namen via Medien in den Dreck gezogen wurden, selbst wenn sich am Schluss herausstellte, dass an den Vorwürfen gar nichts dran war. Nicht nur wegen sexuellem Missbrauch, der ist wohl besonders beliebt, nein, auch wegen Vermögensdelikten. Ein bekannter Name zieht die Presse an wie das Licht die Motten. Ich kann es nicht ausschliessen und befürchte es sogar, nachdem ich gesehen habe, dass gestern nicht nur eine, sondern gleich zwei Vertreterinnen der Opferhilfe erschienen sind, beide klar auf Ihre Schuld fokussiert. Und dann ist da noch der wütende Ehemann. Das macht mir Sorgen: Könnte es sein, dass Frau Kovac die Geschichte irgendjemandem erzählt hat?» «Wie kommen Sie darauf? Hat sie dazu etwas in der Einvernahme gesagt?» «Nein, Frau Kovac hat sehr positiv für Sie ausgesagt, darum gehts nicht. Aber als ich sie fragte, ob sie mit jemandem über den Vorfall gesprochen hatte, zögerte sie einen

Augenblick zu lange. Ich glaube nicht, dass ich mir das eingebildet habe. Ich werde sie nochmals fragen, wenn ich sie am Telefon habe. Jetzt, nachdem sie einvernommen worden ist, darf sie ja wieder bei Ihnen arbeiten.»

Anna weiter: «Ich habe, wie Sie merken, ein ungutes Gefühl: Nicht, was Ihr Strafverfahren betrifft, da überhaupt nicht. Es scheint mir klar, dass der Staatsanwalt das Strafverfahren einstellen muss. Der Sachverhalt ist zu unklar und der Vorwurf nicht genügend beweisbar für eine Anklage. Ich glaube, das sieht Fried auch so. Ich wäre sehr froh, wenn bald eingestellt würde, schon um Ihnen, dem Beschuldigten, die Qual eines öffentlichen Verfahrens zu ersparen. So weit sind wir aber noch nicht. Sollte jedoch der Fall zu früh in die Medien gelangen, dann kommt auch der Staatsanwalt unter Druck und ein nicht allzu Mutiger wird sich von einer Negativpropaganda beeinflussen lassen und ganz im Sinne von «Pontius Pilatus» seine Hände in Unschuld waschen, Anklage erheben und dem Gericht den Schwarzen Peter weiter reichen. Auch das ist schon vorgekommen.» «Und, ist Fried ein nicht allzu mutiger?» «Unvernünftig ist er nicht, hinterhältig glaube ich auch nicht. Aber, ob er mutig ist? Wenn ihm die öffentliche Meinung plötzlich entgegen prallt, wenn «MeToo»-Aktivistinnen demonstrierend vor der Staatsanwaltschaft erscheinen, die Presse versucht, ihn mit Fragen zu überhäufen? Ich weiss es nicht», meinte Anna. Gian Cla war sehr nachdenklich. «Ich kann es also nicht verhindern?», fragte er noch einmal. «Nein Gian Cla, das können Sie nicht. Aber, Sie können sich auf das Schlimmste vorbereiten. Einerseits müssen Sie Kathrin spätestens jetzt reinen Wein einschenken.» «Das habe ich schon», warf Gian Cla ein. «Gut, denn sie wird in eine allfällige Schlammschlacht mit hineingezogen. Für die Familie ist es fast so schwer wie für den Beschuldigten. Wenn Sie wollen, werde ich sie beraten, wie sie sich am besten verhalten soll. Einfach ist es nie. Dann sind da auch Ihre Töchter, die beide an der Uni Zürich studieren. Auch die Beiden müssen Sie informieren. Das ist ein harter Weg, ich weiss. Ich denke, sollte wirklich eine Medienberichterstattung drohen, dann müssen Sie auch jene Gremien informieren, für die Sie tätig sind. Meines Wissens ist das der Vorstand der Ärztegesellschaft und die Parteileitung. Und dann noch Ihre zwei Kollegen in der Gastropraxis. Auch die erfahren besser alles direkt von Ihnen als aus der Zeitung.»

Nach einem kurzen Augenblick fährt Anna weiter: «Dann habe ich bemerkt, Gian Cla, dass es zwischen Ihnen und Kathrin nicht zum Besten steht. Das fiel mir schon vor zehn Jahren auf, aber damals war es meine Sache nicht. Es könnte nun sein, dass auch das thematisiert wird. Ich bitte Sie daher, mir zu sagen, wenn ich etwas wissen muss, das für das Verfahren wichtig werden könnte. Haben Sie Freundinnen? Weiss Kathrin davon? Hat Kathrin Aussenbeziehungen? Ich frage das nicht aus Neugier und auch nicht, um zu urteilen. Aber ich muss vorbereitet sein. Kathrin hat zwar mit Vehemenz deutlich gemacht, dass sie Sie für nicht schuldig hält und dass Sie so was nie tun würden. Sie möchte auch, dass Sie die bestmögliche Verteidigung erhalten. Normalerweise würde ich sagen, das ist das, was eine Frau sagt, wenn sie einen Mann liebt. Aber ich hatte nicht den Eindruck, dass sie das aus Liebe gesagt hat. Sie steht zwar voll zu Ihnen, aber zwischen ihnen stimmt einiges nicht.» Gian Cla schaute düster rein. «Kathrin und ich führen seit Jahren eine pro forma Ehe. Wir mögen uns, aber wir sind mehr Freunde als ein Paar. Kathrin macht, was sie will, und ich ebenso. Ich stürze mich vor allem in meinen Beruf, in meine

Ämter und ins Bergsteigen. Ich bin kein Womanizer, wenn Sie das meinen, war es nie. Ich glaube auch nicht, dass Kathrin ausserehliche Freunde hat, und wenn, dann weiss ich es nicht. Unsere Beziehung ist zu einer Interessengemeinschaft geworden. Kathrin begleitet mich jeweils an offizielle Anlässe wie an Anlässe unserer Familien. Da spielen wir wahrscheinlich allen etwas vor. Aber irgendwie hat das für uns so gestimmt. Ich möchte Kathrin keinesfalls verletzen, das wäre für mich das Schlimmste. Das hat sie nicht verdient. Schon darum würde ich nie so etwas Verwerfliches tun. Noch schlimmer ist es, wenn meine Töchter darunter zu leiden haben. Alles, was ich tue oder nicht tue, habe ich immer mit Blick auf meine Töchter getan, die ich sehr liebe.»

«Ich frage mich immer wieder», rief Gian Cla plötzlich aus, «wie ich nur in so eine Situation hineingeraten konnte? Wie komme ich da bloss wieder raus?» Anna seufzte. «Ja, wie? Ich muss Sie jetzt ständig erreichen können, Tag und Nacht, falls sich eine neue Entwicklung ergeben sollte. Und Sie haben mir meine allererste Frage noch immer nicht beantwortet. Darf ich mit Kathrin reden?»

«Ich habe Kathrin offen informiert und werde heute Abend noch mit Seraina und Ladina reden. Ich denke, Kathrin wird dann selbst mit Ihnen Kontakt aufnehmen.»

«Noch was. Haben Sie sich in der Zwischenzeit überlegt, ob Sie ernst zu nehmende Feinde haben?», fragte Anna. «Ich denke da zum Beispiel an neidische Konkurrenten oder an abgewiesene Frauen.» Gian Cla meinte: «Konkurrenten habe ich, aber bei keinem glaube ich, dass er mir schaden will. Abgewiesene Frauen gibt es wohl auch. Es gibt immer wieder Frauen, die mir Avancen machen, wenn ich es denn überhaupt bemerke. Kathrin hat mich schon mehrmals darauf hingewiesen. Fragen Sie doch sie.» Als Gian Cla sich verabschiedete und ging, war er nicht mehr der grosse, sportliche, braungebrannte Mann. Er schien in der Zwischenzeit zusammengeschrumpft zu sein, müde und kraftlos. Ein Strafverfahren macht die Leute kaputt, das wusste Anna. Selbst wenn es jetzt aufhören würde, was nicht wahrscheinlich war, würde er dieses Trauma nie vergessen. Ein Strafverfahren war schlimmer als alles andere, konnte Existenzen und Familien zerstören, vom Ruf nicht zu reden. Freunde wandten sich ab, Nachbarn schauten weg, scheinheilige Gespräche wie «ich glaube schon daran, dass du unschuldig bist, aber ...» da kam einiges auf Gian Cla zu – und er wusste es.

Die Reaktion der Praxiskollegen

«Wie hat dir das bloss passieren können?», rief Horst Zeltner, einer der zwei Kollegen der Gastropraxis Forchstrasse, aus. Gian Cla hatte sich an diesem Tage vorgenommen, einige informierende Gespräche zu führen. Er wollte es hinter sich bringen. Das mit seinen zwei Praxiskollegen war das erste Gespräch. «Ja, das weiss ich doch auch nicht», meinte Gian Cla, «ich habe nur die Aufwachphase der Patientin überwacht.» «Und in dieser Zeit war Frau Kovac zehn Minuten draussen?», fragte Regine Müller, die andere Kollegin. Gian Cla schwieg. Es war ihm langsam mehr als bewusst, dass das der einzige, aber doch einschneidende Vorwurf war, den man ihm machen konnte. «Wenn das an die Öffentlichkeit kommt, dann haben wir alle ein Problem. Hast du darüber schon mal nachgedacht?», fuhr Horst Zeltner fort. «Sicher» meinte Gian Cla, «genau darum informiere ich euch ja. Meinst du, ich habe bei diesem Untersuch nur im Entferntesten geglaubt, an so was denken zu müssen? Ich habe der Patientin doch nichts getan, war kaum zehn Minuten mit ihr allein und von diesen zehn Minuten war sie bereits wieder einige Minuten wach, in denen ich ihr gar nichts von ihr unbemerkt hätte antun können. Und obwohl ich ihr gar nichts Strafbares oder Schändliches angetan habe, fühle ich mich nun meiner Familie gegenüber und auch euch gegenüber verdammt schuldig. Ihr habt keine Vorstellung davon, wie man sich in einer solchen Situation fühlt.» «Darum müssen wir ja auch immer und immer wieder aufpassen», meinte Horst Zeltner in belehrendem Ton. Ohnehin sollte immer eine Praxisassistentin dabei sein.» «Nun, antwortete Gian Cla, «bei normalen Untersuchungen habt ihr eure Assistentin auch nicht immer dabei. Wo leben wir denn, wenn wir bei der Ausübung unseres Berufes nonstop an Strafverfolgungen denken müssen?» «Genau in einer solchen Zeit leben wir eben», bemerkte Regine Müller, «das weiss doch heute jeder, und als Arzt bist du noch viel verletzbarer als zu früheren Zeiten.» Die drei Gastroenterologen schauten sich ratlos an.

«Was geschieht jetzt?», fragte Horst Zeltner. «Wenn ich das nur wüsste», seufzte Gian Cla. «Aber ich werde euch über alles rechtzeitig informieren. In der Zwischenzeit wäre ich froh, wenn ihr einige Patienten von mir übernehmen könntet, denn ich denke, ich werde mal etwas leiser treten, solange das Strafverfahren andauert. Und bitte behält das alles für euch. Ich werde den Vorstand der Ärztegesellschaft selbst informieren.» «Willst du in unserer Gastropraxis bleiben?», fragte Horst Zeltner. «Ich weiss noch nicht, wie es weitergeht», antwortete Gian Cla», aber sollte das Verfahren eingestellt werden, wie meine Anwältin mir überzeugend erklärt hat, dann sehe ich keinen Grund, warum ich nicht bleiben sollte.» «Sobald diese Geschichte an die Öffentlichkeit kommt, müssten wir uns von dir distanzieren, das siehst du doch ein?», warf Horst Zeltner ein. «Selbst wenn etwas an die Öffentlichkeit gerät, heisst das noch lange nicht, dass ich schuldig bin», antwortete Gina Cla. «Meines Wissens behaupten alle Beschuldigten in einem Strafverfahren, unschuldig zu sein», bemerkte Regine Müller. «Ich glaube zwar, dass du unschuldig bist, aber ich muss auch an meine Zukunft und an meine Familie denken. Hast du dich schon mal in unsere Situation versetzt?» Gian Cla war blass geworden. «Eure Situation? Wie sieht denn eure Situation aus?

Ihr seid Kollegen in einer Gemeinschaftspraxis, in welcher ein Kollege in ein Strafverfahren geraten ist, dessen Ausgang noch offen ist. Wir waren bis heute Kollegen, gute Kollegen. Ihr kennt mich – und jetzt bei diesem, noch nicht einmal bestätigten Verdacht redet ihr bereits von Distanzierung? Werdet ihr von jetzt an die Strassenseite wechseln, wenn ihr mich sieht? Den Kopf drehen, wenn wir zufällig im selben Restaurant sitzen? Ich muss sagen, ihr überrascht mich. Ich habe keinen Einfluss darauf, ob diese Sache an die Öffentlichkeit kommen wird oder nicht. Ich hatte auch keinen Einfluss darauf, dass ein Strafverfahren gegen mich eingeleitet wurde. Ich hatte überhaupt keinen Einfluss auf die bisherigen Abläufe und doch stehe ich jetzt mitten in dieser für mich unerträglichen Situation. So sieht meine Lage aus und ich denke nicht, dass ihr mit mir tauschen wollt. Ihr legt mir also nahe, schon rein präventiv aus dem Praxisverband auszutreten, damit nicht der geringste Dreckspritzer auf eure sauberen Kittel fällt? Ich werde darüber nachdenken.» Gian Cla drehte sich um. «So viel zur Solidarität unter Kollegen», murmelte er, als er den Raum verliess. Beim Hinausgehen hörte er noch ein «Ich glaub es ja nicht», von Horst Zeltner.

Über Mittag hatte Gian Cla mit dem Vorsitzenden der Zukunftspartei, Mario Müller, abgemacht. Sie trafen sich im Kaffee Savoy am Paradeplatz, weil Müller, ein Anwalt, dort in der Nähe seine Kanzlei hatte. Müller wäre eigentlich schon pensioniert, ein grauer Kranz zierte seinen kahlen Kopf. Er war der Inbegriff des seriösen älteren Parteipräsidenten und Anwalts. Alles an ihm schien grau, sein Anzug, seine Krawatte und eben der Haarkranz. Grau wurde auch seine Laune, als Gian Cla ihm erzählte, warum er ihn hatte sprechen wollen. Gian Cla hatte sicher keine aufmunternden Worte erwartet, damit war offenbar in solchen Fällen nicht zu rechnen, nicht mal von alten Parteikollegen oder, wie zuvor, von Berufskollegen. Niemand zeigte ein Minimum an Empathie, im Gegenteil. Mario Müller stellte auch gleich fest, dass man Gian Cla nunmehr schon aus Vorsicht von der Kantonsratsliste streichen müsse. Er werde denn auch gleich den Vorstand informieren. «Aber ihr wisst schon auch, dass man unschuldig sein und ein Verfahren eingestellt werden kann? Seit ich die wesentlichen Leute informiere, habe ich den Eindruck, dass sofort von meiner Schuld ausgegangen wird. Das wünsche ich keinem von euch.» «Ja, ja», meinte Mario Müller besänftigend, «natürlich wissen wir das und wir glauben ja alle, dass du unschuldig bist, aber du musst uns auch verstehen. Wir können doch nicht riskieren, einen Sexualtäter auf der Kantonsratsliste zu haben, selbst wenn der Vorwurf nicht der Wahrheit entspricht. Wir müssen deinen Namen schon vorsorglich streichen. Hattest du etwas anderes erwartet?» «So etwas wie Empathie vielleicht oder ein «es tut mir leid, dass du in eine so schwierige Lage gekommen bist?» «Es tut mir auch leid für dich, Gian Cla, aber ich muss doch zuerst an die Partei denken.»

Nicht, dass Gian Cla etwas anderes erwartet hätte, aber nun freute er sich überhaupt nicht auf das Gespräch mit dem Präsidenten der Ärztegesellschaft, Marco Levi. Marco war Chirurg, für sein Amt noch jung, ein attraktiver schlanker Mann, immer elegant angezogen, perfekt gekämmt und manikürt. Kein Bergsteiger, dachte sich Gian Cla. Er hatte ihn immer für einen «Lackaffen» gehalten, aber nun, man muss mit allen zusammenarbeiten können – und das hatte er als Vorstandsmitglied auch getan. Der «Lackaffe» erwies sich nun allerdings unerwartet als der bisher einfühlsamste und freundlichste. «Das tut mir sehr leid, Gian Cla. Ich kann mir vorstellen, wie es in dir aussieht. Das ist doch die grosse Angst eines jeden von uns. Und was ich so gehört habe, ist der Justiz längst nicht mehr immer so zu trauen, nach all den Vorfällen, die wir in den letzten Jahren hatten. Und mit uns Ärzten gehen sie schon lange nicht mehr gnädig um. Kann ich etwas für dich tun?» Gian Cla war überrascht. Bei allen bisherigen Gesprächen, auch bei diesem, war er mit eingezogenem Kopf durch die Türe gekommen. Verständnis tat gut und er hatte auch den Eindruck, dass Levi von seiner Unschuld überzeugt war und sich in die Lage, in die er da rein geraten war, einfühlen konnte. Er meinte seine Worte ernst. «Nein Marco, da ist nicht viel zu machen. Ich muss abwarten, wie das Verfahren läuft und werde dich dann informieren. Aber es hilft mir schon viel, dass du Einfühlungsvermögen und Verständnis für meine schlimme Situation zeigst. Da bist du nämlich der Erste. Der Präsident der kantonalen Zukunftspartei will mich sofort von der Kantonsratsliste streichen und meine zwei Praxiskollegen wollen, dass ich die Praxis verlasse, damit kein Fleck auf ihre Lichtgestalten fällt. Weisst du, der Verdacht und die Festnahme waren schon schlimm, aber die dadurch ausgelöste Kettenreaktion ist viel schlimmer. Ich habe Angst, dass die Schatten des Strafverfahrens auch auf meine Familie fallen. Ich hatte noch nie vor etwas solche Angst. Und jetzt fühle ich mich völlig ohnmächtig.»

«Angst und Ohnmacht, welch niederdrückende Kombination», sagte Marco Levi und runzelte die Stirn. «Wie geht es Kathrin und den Mädchen?» «Nun, sie sind ziemlich verzweifelt und doch tapfer. Sie stehen voll zu mir, sind mitfühlend und sehr lieb. Aber das macht es für mich noch schlimmer. Wenn ich sehe, wie sie um Tapferkeit ringen, könnte ich heulen. In ihren Gesichtern spiegeln sich meine Angst und

Ohnmacht wider.» «Das kann ich mir gut vorstellen», meinte Levi, «es ist für mich eine schon apokalyptische Vorstellung.» «Ja», meinte Gian Cla, «es ist eine der vielen Höllen, in die man kommen kann und das nie erwartet hätte.» «Hast du einen fähigen Anwalt, kann ich dir dabei vielleicht helfen?» «Eine Anwältin», antwortete Gian Cla, «und ja, sie scheint mir fähig und in solchen Fällen erfahren zu sein. Aber natürlich kann sie auch nicht zaubern.» Als Gian Cla Marco Levi verliess, fühlte er sich etwas besser, obwohl alle drei Gespräche des heutigen Tages schwere Gänge gewesen waren.

Tina Holt

Am gleichen Tag rief Kathrin Anna an. «Hat Gian Cla mit dir geredet?», fragte Anna. «Ja, das hat er», antwortete Kathrin. «Er hat mir auch gesagt, dass du wüsstest, dass unsere Ehe nur pro forma besteht.» «Das war mir schon klar, als wir noch in derselben Nachbarschaft wohnten», antwortete Anna, «aber damals ging es mich nichts an. Wie du weisst, ist es nicht ausgeschlossen, dass diese Geschichte an die Öffentlichkeit kommt. Daher wäre ich froh, alles zu wissen, was euch betrifft und euch allenfalls vorgehalten werden könnte.» Sie hörte Kathrin am Telefon seufzen. «Nun, ich denke, dass schlimmste, das man Gian Cla vorhalten kann, ist der strafrechtliche Vorwurf der Schändung selbst. Die Vorstellung, dass Gian Cla eine Frau in Narkose missbraucht haben soll, ist so abwegig, du kannst dir gar nicht vorstellen, wie abwegig.» «Das weisst du Kathrin, und das weiss ich. Aber das Gros der Zeitungsleser weiss es zum Beispiel nicht, und bei der Häufung von sexuellen Missbrauchsfällen in den letzten Jahren sind die Leute schnell bereit, alles zu glauben. Es ist der dümmste Strafrechtsbereich, in den ein Mann hineingeraten kann, vor allem ein Mann wie Gian Cla. Darum hatte ich ihn gefragt, ob er Freundinnen habe oder ob du eine Drittbeziehung hast. Nicht etwa aus Neugier, das habe ich Gian Cla schon erklärt, aber solche Dinge werden in diesen Situationen plötzlich interessant.» Kathrin zögerte. «Also, ich kann über Beziehungen Gian Clas nichts sagen. Gian Cla geht vollständig in seinem Beruf und in seinen politischen und standesrechtlichen Aufgaben auf. Gian Cla hat bisher auf keine Frau angesprochen und war sie noch so charmant und schön, jedenfalls, soweit ich das beurteilen konnte. Dabei ist Gian Cla ein Mann, der die Blicke der Frauen auf sich zieht. Das wirst du wohl auch gemerkt haben. Selbst hatte ich in den letzten Jahren ein paar wenige Affären, aber die waren Gian Cla bekannt und es war ihm angesichts unserer freundschaftlichen, aber leidenschaftslosen Beziehung egal. Wir sind ein gut funktionierendes Team und vor allem für unsere Töchter da. Gian Cla ist sehr grosszügig mit mir. Wir haben keineswegs Streit miteinander, ja wir verstehen uns fast schon kameradschaftlich gut, aber eben, das geht doch niemanden was an.»

«Wie haben die beiden Töchter reagiert?» «Das ist sehr schwierig», antwortete Kathrin, «von mir aus gesehen der schwierigste Punkt überhaupt. Seraina wird ab Frühling in den USA studieren, wir überlegen uns, Ladina auch dorthin zu schicken und sei es auch nur für ein Zwischenjahr. Seraina hängt an ihrem Vater und war entsprechend entrüstet. Sie hat gestern Abend viel geweint. Ladina ist verschlossen, zu verschlossen im Augenblick, ich kann kaum mit ihr reden, schon gar nicht darüber.» «Es wäre vielleicht nicht schlecht, sie betreuen zu lassen. Ich habe für Fälle wie diesen eine Liste bewährter Krisenpsychologen zur Hand. Ich denke Kathrin, das wäre auch für dich ganz gut. Ich weiss nicht, was jetzt kommen wird.»

Um dann nach ein paar Augenblicken fortzufahren: «Am besten wäre natürlich, wenn Staatsanwalt Fried meine Überzeugung teilt und den Fall so bald wie möglich einstellt. Er will aber wahrscheinlich noch einige Einvernahmen durchführen und vielleicht dann, wer weiss. Es kann aber noch etwas dauern, sicher bis nach Weihnachten. Wie ist die derzeitige Situation mit Gian Cla? Wie schätzt du ihn ein Kathrin?» Kathrin zögerte wieder. «Gian Cla ist, wie ich dir schon gesagt habe, sehr schwer einzuschätzen, sogar für mich, die ihn schon so viele Jahre kennt. Er wurde in all den Jahren immer zurückgezogener, lässt sich kaum in die Karten blicken. Mit mir war und ist er immer anständig und freundlich, mit unseren Töchtern sehr liebevoll. Wir haben wenig gemeinsame Freunde. Gian Cla hat im Grunde genommen nur seine Bergsteigerkollegen. Die sieht er allerdings regelmässig.»

«Noch eine Frage», sagte Anna, «was hältst du von Frau Kovac?» «Frau Kovac?» Kathrin schien nachzudenken. «Ich kenne sie nicht sehr gut. Sie ist erst seit drei Monaten in der Praxis von Gian Cla. Ich glaube, er ist zufrieden mit ihr und ich hatte auch einen guten Eindruck von ihr, bisher jedenfalls. Ganz im Gegensatz zu ihrer Vorgängerin, Tina Holt.» «Was war denn mit ihrer Vorgängerin?», fragte Anna. «Gian Cla musste sie ziemlich plötzlich entlassen. Sie war gut zwei Jahre lang bei ihm gewesen. Er hat mit mir nicht über die genauen Gründe für die Entlassung gesprochen, aber ich habe trotzdem bemerkt, dass sie in Gian Cla «verknallt» war. Etwas, das er überhaupt nicht erwiderte und das ihm offenbar mit der Zeit immer mehr auf die Nerven ging. Ich glaube, dass sie ihn im eigentlichen Sinne «gestalkt» hatte.» «Hm», meinte Anna etwas alarmiert, «das ist interessant. Könnte es sein, dass zwischen Jana Kovac und Tina Holt ein Kontakt besteht?» «Das weiss ich nicht», antwortete Kathrin, «aber möglich ist das. Tina Holt hat Jana Kovac noch ein paar Wochen lang eingeführt.» «Könnte es sein, dass Kovac Tina Holt über den Fall informiert hat?» Kathrin wusste es nicht.

Anna beschloss, Jana Kovac selbst zu fragen. Sie erinnerte sich an das kurze Zögern, das Frau Kovac während der Einvernahme bei dieser Frage gezeigt hatte, jedenfalls gefiel ihr die Geschichte mit Tina Holt nicht. Wie dumm von Linard, dass er Tina Holt noch mit der Einführung von Jana Kovac betraut hatte. Männer konnten so arglos sein. War es möglich, dass Tina Holt eingeschnappt war, weil sie von Gian Cla zurückgewiesen worden war? Hatte sie Rachegefühle entwickelt? Aus Erfahrung wusste Anna, dass es nichts Gefährlicheres gab, als eine verletzte Frau oder wie auf ihrem Kartenbrett auf einer Karte stand: «Never underestimate a totally pissed of woman». Wie viele solcher Beispiele gab es nicht in der Geschichte, Literatur und sogar in der Bibel? Die Frau des Potifar hatte Josef verleumdet, nachdem er sie zurückgewiesen hatte; Salome, bzw. ihre Mutter, hatte Johannes den Täufer den Kopf gekostet; Kriemhilds Hass hatte zwei Reiche zerstört: das Burgunderreich und das Hunnenreich König Etzels. Daneben war es harmlos, wenn eine enttäuschte Frau Gian Cla Linard stalkte. Andererseits war es kaum anzunehmen und wies auch nichts darauf hin, dass Frau Holt Frau Pfister kannte, sie gar als eine Art Kuckucksei in Linards Nest geschickt hatte. Aber nichts war unmöglich. Das Gespräch mit Kathrin hatte doch einiges ergeben und Anna nachdenklich gestimmt. Warum hatten ihr Linard oder Kathrin nicht gleich etwas von Frau Holt erzählt, ohne dass sie immer wieder hatte bohren müssen? Was wusste sie noch nicht?

Anna rief am Nachmittag in der Praxis von Linard an. Frau Kovac nahm ab. «Frau Kovac, hier ist Anna Berger. Wir haben uns anlässlich der Einvernahme bei Staatsanwalt Fried kennengelernt. Ich bin die Anwältin von Dr. Linard. Ich habe nochmals eine Frage an Sie und möchte Sie bitten, mir diese ehrlich zu beantworten, ansonsten ich noch einmal eine Einvernahme bei Staatsanwalt Fried beantragen werde. Sie wissen,

Sie stehen unter der Zeugenandrohung und sind verpflichtet, die Wahrheit zu sagen. Also: Haben Sie mit Frau Holt über den Vorfall mit Frau Pfister gesprochen?» Es blieb still auf der anderen Seite. «Sind Sie noch da?» «Ja», flüsterte Frau Kovac, «ich habe allerdings nicht viel Zeit.» «Beantworten Sie mir bitte diese Frage.» «Ich weiss nur, dass ich ans Berufsgeheimnis gebunden bin», antwortete Kovac. «Bei mir sind Sie das nicht, fragen Sie Dr. Linard, und das ist nicht die Antwort auf meine Frage.» «Frau Holt hat mich eingeführt», sagte Jana Kovac. «Das weiss ich, darum frage ich Sie ja.» «Ja, und Frau Holt war ja auch an das Berufsgeheimnis gebunden und ist es ja noch, oder?», meinte Jana Kovac zögernd. «Richtig, dann haben Sie also mit ihr gesprochen?» «Ja, aber nur ganz kurz.» «Und was haben Sie ihr gesagt?» «Das weiss ich nicht mehr so genau, ich war an diesem Mittwoch doch sehr verwirrt und verunsichert. Ich musste mit jemandem reden und ich dachte mir, Frau Holt kenne die Verhältnisse in der Praxis am besten.» «Und was hat Frau Holt geantwortet?» Wieder Schweigen. «Nochmals, was hat sie Ihnen geantwortet?» «Ja, so genau weiss ich das nicht mehr, ich war ja so aufgeregt.» «Hat Frau Holt Dr. Linard belastet?» «Ja, aber nicht richtig.» «Frau Kovac, es gefällt mir nicht, wie Sie herumdrucksen.» «Aber ich drucke doch nicht herum.» «Natürlich tun Sie das, und Sie haben ein schlechtes Gewissen, das fiel mir schon bei der Einvernahme auf. Nur wusste ich nicht, warum. Jetzt weiss ich es. Ich könnte mir vorstellen, dass sich Frau Holt negativ über Dr. Linard geäussert hat. Wussten Sie, warum Frau Holt entlassen wurde?» «Nein, das wusste ich nicht. Ich wusste nur, dass sie mich noch ein paar Wochen lang einführen musste und für den Rest der Kündigungsfrist freigestellt war.» «Hat Sie das nicht nachdenklich gestimmt? Wollten Sie nicht wissen, was hinter dieser

Kündigung steckte?» «Während der Einführungszeit hat sie mit mir nicht darüber gesprochen und Dr. Linard hat auch nie etwas gesagt. Die Beiden gingen sich aus dem Weg in dieser Zeit, als Frau Holt mich einführte. Ich denke, Frau Holt war fachlich eine gute Praxisassistentin.» «Fachlich ja, aber wie war sie charakterlich? Konnten Sie keine Ressentiments gegenüber Dr. Linard feststellen? Verletzte Gefühle vielleicht?» «Nicht wirklich, nur dass sie sich aus dem Weg gingen.» «Da sind wir doch schon etwas weiter, und jetzt sagen Sie mir ganz genau, was Frau Holt Ihnen am Telefon, das Sie im Anschluss beziehungsweise am Ende des Tages nach der Untersuchung Pfister mit ihr führten, gesagt hat.» «Woher wissen Sie überhaupt davon?» Die Stimme von Frau Kovac brach. «Das tut nichts zur Sache», antwortete Anna, «aber ich liege ja offenbar richtig. Nochmals, was hat sie gesagt?» «Nun», jetzt schluchzte Frau Kovac, «sie hat gesagt, dass man als Frau Dr. Linard nicht trauen könne.» «Noch was?», fragte Anna, «beziehungsweise genauer?» Kovac schniefte. «Ich kann jetzt nicht reden. Es stehen Patienten im Empfangsraum und ich werde schon komisch angeschaut.» «Dann kommen Sie bitte Morgen nach Arbeitsschluss in meine Kanzlei.» Dann beendete Anna das Gespräch. Nach dem Gespräch mit Frau Kovac sass Anna eine Zeit lang stirnrunzelnd da. Sollte sie Linard von diesem Gespräch erzählen? Das müsste sie wohl. Noch war er allerdings auf Frau Kovac als Praxisassistentin angewiesen und wenn er über das Telefongespräch Bescheid wusste, würde er auch Frau Kovac entlassen müssen. Was für ein vertrackter Fall. Welch unerwartete Wendungen.

Nach einer wiederum schlaflosen Nacht rief Anna am nächsten Morgen Linard an und erzählte ihm von ihrem Gespräch mit Kathrin einerseits und mit Frau Kovac andererseits.

Wie erwartet war Linard über den Anruf von Frau Kovac mit Frau Holt alles andere als begeistert. «Gian Cla, ich muss Sie nochmals bitten, zu mir in die Kanzlei zu kommen. Ich möchte genau wissen, was mit Frau Holt vorgefallen ist, ob sie allenfalls Drohungen oder ähnliches geäussert hat und wie Kathrin von dieser Situation erfahren hat. Meine Nase, und die ist mit der Zeit ganz gut geworden, sagt mir, dass da etwas nicht stimmt.» Linard schwieg. «Sie können heute über Mittag zu mir kommen, abends habe ich schon mit Frau Kovac abgemacht.» «Sie wird nicht kommen», sagte Linard. «Sie hat sich heute Morgen krankschreiben lassen.» «Na so ein Zufall, warum bin ich nicht erstaunt?», meinte Anna. «Dann können Sie, wenn Sie wollen, auch nach Arbeitsschluss kommen, sagen wir um 18:30 Uhr?» Linard sagte zu.

Um 18:30 Uhr kamen Linard und Frau Kovac gemeinsam in die Praxis. Frau Kovac hatte sich wohl für die Arbeit krankschreiben lassen, aber sie hatte bei Anna nicht abgesagt. Das war peinlich. Anna bat Linard noch um circa eine halbe Stunde Geduld, verwies ihn auf die Bar des Hotels Astor in der Nähe und sprach zuerst mit Frau Kovac. Frau Kovac war offensichtlich sehr gestresst. «Wird er mir jetzt kündigen, habe ich mich strafbar gemacht?» «Nun, Frau Kovac, ich denke nicht, dass Dr. Linard den Wunsch hat, Sie anzuzeigen, wobei streng genommen haben Sie schon eine Berufsgeheimnisverletzung begangen. Wo aber kein Kläger ist, da ist auch kein Richter. Ob Dr. Linard diesen Vertrauensbruch mit einer Kündigung ahnden wird, weiss ich nicht. Ich denke schon, dass das Vertrauensverhältnis gestört ist, aber wir wissen ja eh nicht, wie es mit der Praxis weitergehen wird. Also nochmals, was hat Frau Holt Ihnen am Telefon genau gesagt?» Frau Kovac schluckte. «Also, ich hatte ihr erzählt, dass soeben eine Patientin die Praxis nach einer Magenspiegelung ganz aufgeregt und völlig hastig verlassen hatte. Ich hatte dabei den Eindruck gehabt, dass die Patientin Dr. Linard irgendeinen Vorwurf mache. Es braucht nicht viel Fantasie, um zu erraten, dass die Patientin das Blut, das sie nicht für normales Monatsblut hielt, mit irgendeinem Missbrauch in Zusammenhang brachte. Ich könne mir das aber überhaupt nicht vorstellen. Linard sei höchstens zehn Minuten mit der Patientin allein gewesen, und überhaupt, sie traue ihm das auch nicht zu. Frau Holt hat daraufhin lange geschwiegen und dann gefragt, ‹warum traust du es ihm nicht zu?› Ich sagte, weil er auf mich wie ein sehr seriöser Arzt wirkt. Dann hat Tina Holt verschwörerisch bemerkt, ‹du kannst Dr. Linard als Frau nie trauen, merk dir das›. Mehr hat sie nicht gesagt. Sie hat nur noch nach dem Namen der Patientin gefragt. Das habe ich ihr dann doch nicht sagen wollen und nur bemerkt, es sei eine neue Patientin gewesen, sie könne sie nicht kennen. Glauben Sie mir, nach diesem Anruf habe ich mich sehr schlecht gefühlt.» Anna dachte nach und sagte dann: «Bitte reden Sie mit gar niemandem mehr über die Sache. Sollte Frau Holt mit Ihnen wieder Kontakt aufnehmen, sagen Sie einfach nichts. Sagen Sie ihr auf keinen Fall, dass ein Strafverfahren im Gange ist. Und informieren Sie mich über einen solchen Anruf.» Frau Kovac nickte.

Nach ihr kam Gian Cla Linard ins Besprechungszimmer. Anna informierte ihn über das Resultat des Gesprächs mit Frau Kovac. «Wissen Sie, ich bin nur zufällig darauf gekommen, dass da irgendetwas bei Frau Kovac nicht stimmte. Frau Holt hat sich also negativ über Sie geäussert. Man könne Ihnen als Frau nie trauen, meinte sie, was immer das heisst. Im vorliegenden Fall sind ihre Worte allerdings gefährlich, vor allem, wenn solche Worte der ehemaligen Praxisassistentin nach aussen dringen sollten. Bitte teilen Sie mir jetzt genau mit, warum Sie Frau Holt entlassen haben. Auch Kathrin hat schon Andeutungen gemacht. Was war genau los?» Linard schwieg zunächst. «Das ist keine gute Geschichte», meinte er, «es dauerte eine Weile, bis ich gemerkt habe, dass Frau Holt Interesse an mir hat. Ich gehöre nicht zu den Männern, die darauf schauen und das gleich merken. Sie brachte mir jeden Tag frische Blumen für meinen Schreibtisch, zog sich immer hübscher und verführerischer an, brachte mir ab und zu auch Kuchen oder ein Sandwich für den Lunch mit. Am Anfang fand ich das sehr nett, aber irgendwann musste ich ihr sagen, dass sie das nicht tun solle. *Oh,* meinte sie, *das mache ich doch sehr gern für Sie.* Da wurde sogar mir klar, dass sie Annäherungsversuche machte. Ich ging auf Abstand und wurde sehr trocken und professionell zu ihr, aber sie zog daraus nicht die richtigen Schlüsse – im Gegenteil: Sie steigerte ihre Bemühungen noch. Schliesslich bat ich sie um ein Gespräch und teilte ihr mit, dass, was immer sie sich vorstelle, ich mir wahrscheinlich nicht dasselbe vorstelle. Ich sei ein verheirateter Mann und vollständig beschäftigt mit Familie und Beruf. Ich wolle keine Affäre oder ähnliches – und schon gar nicht den möglichen Ärger dazu. Ich bat sie, das zu akzeptieren. Das tat sie nicht. Sie meinte, es sehe doch ein Blinder, dass ich in meiner Ehe nicht glücklich sei, und ich sei ein Mann, der es verdient habe, glücklich gemacht zu werden. Sie könnte mich glücklich machen. Es war so schwierig. Nach längerem Hin und Her teilte ich ihr mit, dass ich ihr in unserem beidseitigen Interesse kündigen müsse. Ich wäre froh, wenn sie ihre Nachfolgerin noch für ein paar Wochen einarbeiten würde, den Rest der Kündigungsfrist von zwei Monaten würde ich sie bei vollem Lohn und zusätzlich vollem 13. Monatslohn freistellen. Ich würde ihr auch ein gutes Zeugnis ausstellen, denn fachlich hatte ich nichts an ihr auszusetzen. Mir sei daran gelegen, dass sie sich keine falschen Hoffnungen mache, und mit diesen Spannungen in der Praxis könne ich einfach nicht arbeiten. Aufgrund der zugesicherten Vorteile hoffte ich, sie besänftigt zu haben. «Wie hat sie das aufgenommen?», fragte Anna. «Schlecht», antwortete Gian Cla. «Sie schwieg mich nur noch an, konnte sich dann aber etwas kontrollieren, da Frau Kovac relativ bald zur Verfügung stand, die sie zwei Wochen einarbeiten musste. Damals herrschte eine seltsame Stimmung in der Praxis. Immerhin hat sie es unterlassen, mir weitere Avancen zu machen, wenigstens in der Praxis. Nach Arbeitsschluss hat sie mir zweimal abgepasst. Einmal bat sie mich, sie nach Hause zu bringen, weil sie so Kopfschmerzen habe. Das tat ich dann. Aber dann wollte sie unbedingt, dass ich mit ihr in die Wohnung kommen würde, was ich natürlich nicht tat. Ich zahlte ihr dann noch, zusätzlich zum 13. Monatslohn, einen grösseren Bonus in der Hoffnung, dass sie nun Ruhe geben würde. Denn dass diese Situation nicht gut war, hatte ich begriffen, obwohl ich noch nie mit einer Praxisassistentin diesbezügliche Probleme gehabt hatte. Dümmer war, dass sie ungefähr eine Woche nachdem sie die Praxis verlassen hatte, mal Kathrin vor der Haustüre abpasste und sie bat, mich freizugeben. Kathrin hat mir dann davon erzählt und ich erklärte Kathrin daraufhin, was in etwa geschehen war. Dass Frau Kovac Frau Holt nach dem Vorfall Pfister informiert hat, ist eine böse Überraschung. Wie konnte sie nur? Denn nun habe ich auch ein Problem mit Frau Kovac. Frau Kovac wusste allerdings nicht, weshalb ich Frau Holt gekündigt hatte. Ich denke, nun weiss sie es. Ich werde also mit Frau Kovac reden müssen, und das behagt mir gar nicht. Was soll ich tun, Anna?»

«Da ist guter Rat wohl teuer», meinte Anna. «Es fragt sich, was Frau Holt mit diesem Wissen tun wird. Sie hat nun eine ideale Ausgangslage für eine Racheaktion, wie die auch immer aussehen mag. Sie könnte Sie bei der Polizei belasten mit einem netten «Whistleblowing» oder bei der Presse anonym eine anschwärzende Mitteilung machen, um nur einige Möglichkeiten zu nennen. Ich habe jedenfalls Frau Kovac gebeten, nicht mehr mit Frau Holt über die Angelegenheit zu reden und ich hatte den Eindruck, sie werde sich daranhalten. Aber der Schaden ist schon angerichtet.» «Soll ich mit Frau Holt reden?», fragte Gian Cla. «Nein, ich denke besser nicht», antwortete Anna. «Wenn Frau Holt – und dafür gibt es Anhaltspunkte – Tendenzen ins Stalken und Nachstellen hat, dann würde sie durch eine Kontaktnahme ihrerseits in ihrer Fehlhaltung bestätigt oder noch schlimmer gar versuchen, sich Ihnen wieder anzunähern, diesmal mit Druck. Auch hier müssen wir abwarten. Bis jetzt ist noch nichts geschehen und wer weiss, bleibt das auch so. Die Frage ist allenfalls, ob ich Staatsanwalt Fried über diese neue Entwicklung einweihen soll, oder ob das mehr schaden als nützen würde. Denn im Grunde genommen hat die ganze Geschichte mit Frau Holt und der Kündigung nichts mit dem vorliegenden Verfahren Pfister zu tun. Ich glaube auch nicht, dass Frau Holt Sie mit Frau Pfister reinlegen wollte, indem sie Frau Pfister zu ihrem Vorgehen anstiftete. Ich hatte auch nicht den Eindruck, dass Frau Pfister irgendein Spiel spielt oder Sie einfach so belasten möchte. Ich denke, das sind zwei parallele Geschichten, die nichts miteinander zu tun haben, aber die sich gegenseitig katalysieren könnten. Pech aber auch!» Linard schaute Anna an. Er hatte verstanden, von welcher Tragweite das Problem war.

«Die Frage ist, ob Frau Holt wirklich so bösartig ist», sagte Anna nachdenklich, «aber verletzte Frauen sind gefährlich und vergessen vor allem nicht. Die Aussage gegenüber Frau Kovac war schon verleumderisch und ich hatte den Eindruck, dass Frau Kovac darüber auch erstaunt war. Nun, Gian Cla, wir sind vorbereitet und viel kann uns nicht mehr überraschen. Ich habe Kathrin empfohlen, sich unter Umständen psychologische Hilfe zu holen für sich und ihre Töchter. Ich weiss, dass Männer, ganz besonders gebildete Männer, psychologen- und therapiefeindlich sind. Dennoch, auch sie müssen jemanden haben, der ihnen in dieser sehr schwierigen Situation beisteht.» «Ich habe doch Sie.» antwortete Gian Cla. Anna lächelte. «Ja schon, aber ich bin Ihre Anwältin, nicht eine Psychologin oder ein naher Freund, der Sie gut kennt und stützt. Sie haben doch sicher gute Freunde. Kathrin hat mir erzählt, dass sie mit denen jeweils bergsteigen gehen. Lassen Sie sich unterstützen. Es wird nicht leicht werden. Und trotz der schwierigen Situation zwischen Ihnen und Kathrin: Versuchen Sie sich gegenseitig etwas Halt zu geben. Denn sollte die Geschichte Pfister an die Öffentlichkeit kommen, wird es für sie beide sehr belastend.» Gian Cla nickte. «Und Gian Cla», sagte Anna zum Abschied, «gibt es noch was, was Sie mir verschweigen?» «Ich wollte die Geschichte mit Frau Holt nicht verschweigen. Ich hielt sie nur nicht für wichtig», antwortete Gian Cla. «So kann man sich irren», meinte Anna und bemerkte nicht, dass Gian Cla ihrer Frage ausgewichen war.

Anna

Am nächsten Morgen waren die Verfahrensunterlagen der Staatsanwaltschaft, deren Herausgabe Anna verlangt hatte, in ihrem Postfach. Tatsächlich gingen weder aus der kriminaltechnischen Beurteilung der Praxisunterlagen, des Praxisabfalls und der Praxiswäsche, noch aus der Zusammenfassung der Gynäkologin der Permanence irgendetwas Belastendes für Gian Cla hervor. Das war schon mal gut, würde aber vielleicht für eine sofortige Einstellung des Verfahrens noch nicht genügen. Der Fall würde wahrscheinlich wie erwartet in einer «Aussage gegen Aussage»- Konstellation enden wie so oft. In den letzten Jahren war die Position der Anzeigeerstatterin stärker geworden. So stand es zwar nicht überall ausdrücklich im Gesetz, vielleicht noch nicht. Dennoch war es so. Ein Mann, gerade ein eher angesehener Mann, eine sogenannte Respektsperson, war in solchen Fällen mehr gefährdet als der Durchschnittsmann. Denn eine sexuelle Belästigung durch einen Nobody weckte nie so viel Interesse. Es ist schwierig, sowohl für die Verteidiger als auch für Staatsanwälte und Richter, die Wahrheit herauszufinden. Letztlich kam es vor allem auf die Indizien an, die in die eine oder andere Richtung zeigten. Doch Anna hatte im Hinblick auf das Juristische keine Angst vor einem Prozess. Das war ihr geringstes Problem. Das Urteil der Richter war es nicht, das Anna fürchtete. Was ihr wie immer in solchen Fällen Angst machte, war eine vorverurteilende Öffentlichkeit. Gegen die kommt man schlecht an, und die Beeinflussung von Richtern und Staatsanwälten war nicht auszuschliessen. Und wenn Tina Holt behaupten würde, sie habe schon mehrmals erlebt, dass entrüstete Frauen die Praxis verlassen hätten? Und: Konnte jemand wissen, ob sie nicht ehemalige Patientinnen angehen würde? Anna fragte sich, ob sie nicht zu pessimistisch geworden war, nach allem, was sie in den Jahren ihrer Anwaltstätigkeit schon gesehen und erlebt hatte.

Die Geschichte um Tina Holt lag ihr auf dem Magen. War von dort dieses Dauergefühl, dass irgendwas nicht stimmte, hergekommen? Sie war ziemlich übermüdet in den Fall eingestiegen und die Zeit, die nun an die Verteidigung von Gian Cla ging, war eigentlich für Ferien vorgesehen gewesen. Dieser Fall würde sie jedenfalls sicher nicht so bald loslassen und Flavio nahm sie bei solch intensiven Fällen jeweils auf den Arm und meinte, sie ginge mal wieder mit einem Fall «schwanger». So war es.

Am Nachmittag versuchte Anna Staatsanwalt Fried telefonisch zu erreichen, was erstaunlicherweise sofort gelang. «Herr Kollege», meinte sie, «ich habe mir die Unterlagen durchgesehen. Mir ist aufgefallen, dass es keine neuen belastenden Beweise gegen meinen Klienten gibt. Hätte mich auch gewundert, wenn das nicht so gewesen wäre. Ohne Beweise in der Konstellation Aussage gegen Aussage einer auf den Umstand fokussierten Patientin, dass Blutungen gleichbedeutend seien mit Geschlechtsverkehr, kann wohl keine Anklage erhoben werden. Sehen Sie das nicht auch so?» Fried murmelte etwas. Anna fragte: «Müssen Sie noch weitere Einvernahmen oder Untersuchungshandlungen vornehmen?» «Zurzeit habe ich das nicht vor», antwortete Fried. «So ein Strafverfahren ist doch eine enorme Belastung für den Betroffenen», fuhr Anna fort, «als Verteidigerin steht man natürlich dem Beschuldigten wesentlich näher. Dennoch, es gilt auch Unrecht zu verhindern und Unrecht entsteht automatisch, wenn man den Beschuldigten und seine Familie lange darüber im Unklaren lässt, wie es weitergehen wird. Auch der wirtschaftliche Schaden ist nicht zu unterschätzen. Natürlich mache ich nicht Ihre Arbeit, aber ich versuche mich jeweils in die verschiedenen Protagonisten eines Verfahrens einzudenken und frage mich daher, warum ist der Fall nicht einstellungsreif? Beweise im Sinne von Spuren oder ähnlichem werden nicht mehr zutage treten, da bin ich mir sicher.» Fried meinte müde: «Frau Kollegin, könnten Sie mir Ihre Argumente nicht schriftlich zukommen lassen? Dann kann ich mir das alles in Ruhe überlegen.» Anna schmunzelte. Sie wusste, dass Staatsanwälte und Richter es manchmal schätzten, wenn man ihnen ein Argumentarium vorlegte, auf das sie dann allenfalls zurückgreifen konnten.

Sie machte sich sofort an die Arbeit und würde noch am gleichen Tag Staatsanwalt Fried ihre Überlegungen schriftlich zukommen lassen. Sie fühlte, dass mit Volldampf eine Einstellung des Verfahrens anzustreben war, schon damit man allfälligen Stimmen in der Öffentlichkeit, falls der Fall überhaupt an die Öffentlichkeit gelangen würde, eine Einstellung des Verfahrens aus Mangel an Beweisen entgegenhalten werden konnte. Bei einem laufenden Verfahren machte das den Medienleuten wenigstens etwas Eindruck. Nun ja, versuchen konnte sie es wenigstens.

Anderseits konnte sie Staatsanwalt Fried nicht zu sehr auf die Pelle rücken. Das mochten Staatsanwälte nicht. Das mochten Beamte ohnehin nicht und der Respekt der Beamten gegenüber den Verteidigern, ja gegenüber den Anwälten überhaupt, war nicht immer so gross wie sie es sich wünschte. Ein «Wir-

Gefühl» im Sinne von «wir arbeiten doch alle am Selben, nämlich am Ergründen der Wahrheit» hatte sich nie durchgesetzt. Manchmal wurde regelrecht gegeneinander gearbeitet. Oder dann wurde sogar versucht, mit dem Argument «Rechtsanwälte seien auch Organe der Rechtspflege» die Rechtsanwälte auf die Seite der Strafverfolgung zu ziehen. Was Anna am meisten belastete, war, dass zwischen Staatsanwälten und Verteidigern alles andere als Waffengleichheit bestand. Staatsanwälte konnten als Vertreter des Staates und damit der staatlichen Macht, Einvernahmen anordnen, Beweisanträge ablehnen, Verhaftungen vornehmen lassen und die Verteidiger hinkten immer hinterher. Ihnen verblieb nur die Kraft des Wortes in der Hoffnung, dieses werde überzeugen. Nun, sie konnte nicht mehr tun, als ihr Bestes zu geben. Das hiess aber auch, dass sie immer am Ball bleiben und sich allenfalls neue Strategien überlegen musste. Anna dachte an Kathrin und an ihre Töchter, die ihr so sehr glichen, alle zierliche Frauen mit hübschen Gesichtern und dichtem braunem Haar. Es waren schöne Menschen, die Linards. Auch dieser Umstand machte es im Falle einer allfälligen Publizität nicht einfacher. Eine schöne Familie war auch ein Neidfaktor, eine schöne, wohlhabende Familie in einem schönen Haus mit einem erfolgreichen Vater ein noch viel grösserer.

Als Anna an diesem Abend nach Hause kam, waren alle ausgeflogen. Flavio war noch bei einem Klienten und die Mädchen, die mittlerweile eben erwachsen waren, irgendwo. Es ärgerte Anna, dass sie sich nicht zum Abendessen abgemeldet hatten. Ihre Laune besserte sich jedoch, als sie sah, dass die Mädchen für sie gekocht hatten, bevor sie in den Ausgang gegangen waren. Abends war es im Dezember bereits dunkel und sie setzte sich in die dunkle Küche, machte nur eine Kerze an und nahm nachdenklich das Abendessen ein. Müde nach den letzten Tagen beschloss sie, früh zu Bett zu gehen. Als sie vor dem Badezimmerspiegel stand, um sich abzuschminken, stellte sie fest, dass der Stress der letzten Zeit seine Spuren hinterlassen hatte. Sie sah müde aus. Haare und Augen glanzlos, die feinen Linien um die Augen und um den Mund akzentuierter als auch schon. Nun ja, mit 50 war sie natürlich auch kein Teenager mehr. Dennoch kam sie mit ihren wachen braunen Augen und ihrem sorgfältig geschnittenen hellbraunen Haar in der Regel frisch und jung rüber. Trotz ihres schwierigen Berufes hatte sie keine bitteren oder verhärmten Züge um ihren meist lachenden Mund. Sie war nicht, wie ihr eine Freundin in jüngeren Jahren mal prophezeit hatte, als sie ihr ihre Berufswahl mitgeteilt hatte, «schmallippig verbittert». «Sie sehen gar nicht aus wie eine Anwältin oder gar Strafverteidigerin», hörte sie des Öftern und fand es ziemlich seltsam, dass sie dies als Kompliment zu werten hatte. Nun, heute sah sie so aus, jedenfalls wie eine müde Berufsfrau. Sie hatte auch abgenommen. Die Hose schlotterte etwas um die Taille. Im Gegensatz zu vielen Bekannten, hatte sie keine Gewichtsprobleme, musste eher schauen, dass sie bei Kräften blieb. Seit sie sich erinnern konnte, war sie lang und dünn gewesen, sogar noch nach den beiden Schwangerschaften. Flavio war kleiner und kompakter als sie und es war klar, dass die grosse, schlanke, blonde Sandra mehr ihr nachschlug, während die rundliche, dunkelhaarige Mirjam ihrem Vater glich. Untereinander glichen sie sich nicht und doch fand Anna beide Töchter aussergewöhnlich hübsch, im Bewusstsein, dass sie als Mutter wahrscheinlich nicht objektiv war. Wie war sie in diesem Alter gewesen? Ähnlich wie Sandra, nur viel rebellischer. Sie fand, dass ihre Töchter etwas gar zu angepasst waren, was die meisten Eltern – im Gegensatz zu ihr – eher beruhigt hätte.

Sie erinnerte sich daran, dass sie als Studentin wesentlich rebellischer gewesen und in vielen Diskussionsforen der Studenten mit engagierten, ja sogar revolutionären Ansichten hervorgestochen war. Mit 20 Jahren hatte sie genau gewusst, wie die Welt zu sein hatte. Sie lächelte. Wohl wusste sie noch immer, wie die Welt sein müsste, aber in all den Jahren hatte sie wohl ihre Hörner abgestossen, wenn auch, und darauf war sie stolz, nicht ganz. Ihre Töchter hielten sie noch immer für reichlich progressiv und schüttelten bei gewissen Ansichten ihrer Mutter missbilligend den Kopf. Flavio war viel ruhiger und ging auf in der Kreativität seines Architektenberufs. Sie waren beide sehr verschieden und das war auch gut so.

Journalist und Whistleblower

Anna hörte von Staatsanwalt Fried vorerst nichts, obwohl sie ihm ein ausführliches Argumentarium geschickt hatte. Auch die Linards verhielten sich ruhig, obwohl Anna wusste, dass Gian Cla wieder seinen normalen Arbeitsrhythmus aufgenommen hatte. War es die Ruhe vor dem Sturm? Nach einer Woche, es war schon weit im Dezember, rief sie bei Staatsanwalt Fried an. «Wie sieht es aus Herr Kollege?» «Ja, Entschuldigung Frau Kollegin, ich hatte so viel zu tun, ich werde gegen Ende Woche den Fall Linard in Angriff nehmen.» «Dann haben wir schon bald Weihnachten. Hat sich noch irgendetwas Neues ergeben?», wollte Anna wissen. «Bisher nicht», meinte Fried. Am liebsten hätte Anna ausgerufen «Worauf warten Sie denn noch?» Aber eben, man musste auch mit Staatsanwälten empathisch und geschickt umgehen. Sie würde wohl regelmässig anrufen müssen. Mittlerweile war schon tiefe Adventszeit. Möglicherweise würde das die Aufmerksamkeit für den Fall etwas lähmen. Das war gar nicht so schlecht, meinte Anna.

Ein paar Tage später erhielt Anna einen Anruf von Kathrin. Gerade eben hätten zwei ihr nicht bekannte, aufdringliche Typen an ihrer Türe geklingelt und gefragt, ob Gian Cla zu Hause sei. Gian Cla sei aber um diese Zeit nie zu Hause, das hatte sie diesen beiden Männern auch mitgeteilt. Sie habe dann gefragt, ob sie Gian Cla etwas ausrichten könne, «Nein, nein», meinten die Beiden, «sagen Sie uns einfach, wann wir ihn erreichen können.» Sie habe geantwortet, dass sie das selbst nicht wisse. «Was wünschen sie denn von ihm?» Der eine, ein etwas ungepflegterer, langhaariger Künstlertyp, habe ziemlich unverschämt geantwortet mit einem «Sagen Sie's uns?» Sie habe die beiden dann abgewimmelt, aber jetzt habe sie natürlich ein höchst ungutes Gefühl, denn für diese Kontaktaufnahme und die schnoddrige Antwort gab es wohl nur einen Grund. «Warten wir's ab», meinte Anna und fragte Kathrin, ob sie denn keine Ahnung hatte, wer die beiden waren. «Sie wollten mir keine Namen nennen, aber es sind sicher Journalisten gewesen, so wie die aufgetreten sind.» «Was haben die zwei komischen Typen denn im Anschluss an das Gespräch mit dir getan?» wollte Anna wissen. Sie seien noch etwas ums Haus geschlichen und danach gegangen. Anna war beunruhigt. Sie war überzeugt, dass es Journalisten gewesen waren. Sie wusste aber noch nicht, wo die undichte Stelle war. Sie würde es rausfinden.

Am nächsten Morgen rief sie früh bei Staatsanwalt Fried an. Fried wusste noch von nichts. Er habe keine Anfrage erhalten und würde auch nichts sagen, ausser, dass es ein Verfahren gebe. «Nun, das genügt ja wohl schon», meinte Anna ziemlich ungehalten. «Warum können die Staatsanwälte diese Auskunft nicht erst dann geben, wenn sie eine Anklageerhebung beabsichtigen. Das würde die unschuldig in ein Verfahren geratenen schützen. Wenn die Staatsanwaltschaft Journalisten das Einleiten eines Strafverfahrens bestätigt, ist das für diese schon eine Art Schuldbestätigung und gibt ihnen das Recht, über den Fall zu berichten mit dem nutzlosen Floskel-Verweis auf die Unschuldsvermutung. Ein vernichtender Artikel zum Fall, kann ein Leben zerstören, eben auch das Leben eines Unschuldigen. Zurück zu Linard: Wie steht es nun mit einer allfälligen Einstellung?» «Ja», meinte Fried, «wenn es wirklich Journalisten waren, ist es nicht so einfach, dann muss ich natürlich genauer hinschauen. Bei diesem Thema sind die Medien sehr aufmerksam.» «Sag ich doch schon die ganze Zeit», meinte Anna, «und jetzt soll eine Schlammlawine über meinen Klienten rollen, um dann am Schluss vielleicht den Fall doch einzustellen? Wissen Sie Herr Kollege, es würde mir schon helfen, wenn Sie mir bestätigten, dass Sie einzustellen gedenken. Dann könnte ich das den Journalisten, falls sie sich an mich wenden, entgegenhalten. Das würde den Schaden schon mal etwas begrenzen, denn an der Beweislage hat sich trotz dem Auftreten von Journalisten gar nichts geändert, nur an der Befindlichkeit der Beteiligten.» «Da meinen Sie wohl mich?» bemerkte Staatsanwalt Fried trocken. «Nun, ich weiss, dass sich Staatsanwälte und Richter von der öffentlichen Meinung beeinflussen lassen. Nicht alle, auch das weiss ich.» «Gut», meinte Fried nach kurzem Überlegen, «die Beweislage ist dünn und ich werde Ihnen per Ende Woche eine Einstellungsverfügung mit Frist zur Stellungnahme und zum allfälligen Stellen letzter Beweisanträge anzeigen.» Anna atmete tief aus.

Kaum hatte sie aufgehängt, stellte ihr ihre Sekretärin Astrid den Anruf eines Herrn Pünter vom «Zürich heute» durch. Anna nahm den Anruf entgegen. «Ja Herr Pünter, was wünschen Sie von mir?» «Frau Berger», teilte ihr Pünter in einem komplizenhaften Ton mit, «ich weiss, dass Sie Dr. Gian Cla Linard verteidigen, und zwar in einem Sexualdelikt. Bevor ich etwas dazu schreibe, wollte ich wissen, was Sie mir darüber sagen können.» «Bevor ich dazu etwas sage, Herr Pünter, teilen Sie mir doch bitte mit, wer Sie genau sind, für welche Zeitung Sie schreiben und was für eine Position Sie in dieser Zeitung haben.» «Nun, ich bin vom «Zürich heute», wie Sie schon gehört haben, und dort für Kriminalfälle zuständig.» «Von wem haben Sie den Hinweis betreffend Dr. Linard erhalten?» «Ach Frau Berger, Sie wissen doch, dass wir unsere Quellen nicht bekannt geben dürfen.» «Nun, in diesem Fall Herr Pünter, könnte die Quelle einen Einfluss auf das Verfahren haben. War es jemand von der Opferhilfe, war es die Gegenanwältin, was ich nicht glaube, war es der Ehemann der Anzeigeerstatterin?» «Das sage ich Ihnen nicht», wiederholte Pünter. «Herr Pünter, wenn Sie es mir sagen, dann werde ich Ihnen Ihre Fragen beantworten, sogar wenn es sich um ein laufendes Verfahren handelt. Wäre das allenfalls ein Deal?» Pünter überlegte. «Nun, die von Ihnen genannten Personen waren es nicht», meinte er dann. «War es Tina Holt?», fragte Anna nun direkt. Pünter schwieg. Also doch. «Also Herr Pünter. Ich weiss nicht, was Ihnen Frau Holt gesagt hat. Ich weiss nicht, ob Sie noch mit anderen Personen über den Fall geredet haben. Was das Verfahren angeht: Ja, es gibt ein Verfahren, allerdings wird der Fall mangels Beweise demnächst eingestellt werden. Denn Beweise gibt es absolut keine. Es scheint sich um einen Irrtum seitens der Anzeigeerstatterin zu handeln.» «Was wird denn Dr. Linard genau vorgeworfen?» «Hat Ihnen das Frau Holt nicht erzählt?» «Eben nicht», antwortete Pünter, «ich habe nur vage Hinweise.» «Waren Sie gestern bei Frau Linard?», fragte Anna.» «Ja, aber die hat natürlich geblockt.» «Das ist normal, finden Sie nicht?» «Frau Holt glaubt, dass es um sexuellen Missbrauch geht.» «Glaubt Frau Holt», wiederholte Anna, «aber sie weiss es ja offenbar nicht sicher und wissen Sie, ich weiss es auch nicht, was ihm genau vorgeworfen wird, das ist ja das Problem in diesem Verfahren, niemand weiss so genau, worin der Vorwurf liegt und gerade darum wird es eingestellt werden. Ich glaube Herr Pünter, in diesem Fall ist zu wenig Fleisch am Knochen. Das ist auch nicht ergiebig für eine Schlagzeile. Sie würden damit nur viel Geschirr zerschlagen, Gefühle verletzen und am Schluss bleibt gar nichts übrig.» «Das müssen Sie als Verteidigerin von Herrn Linard doch sagen.» «Woher wissen Sie denn überhaupt, dass ich die Verteidigerin von Herrn Linard bin? Das ist bisher nämlich niemandem bekannt.» Ich denke, das hat Frau Holt auch rausgefunden.» «Es scheint also», meinte Pünter und sie konnte ihn durch den Telefonhörer grinsen sehen, «dass es noch eine andere undichte Stelle gibt.» «Wissen Sie welche?», fragte Anna. «Nein, das weiss ich nun wirklich nicht. Sie haben aber durch geschicktes Fragen schon rausgefunden, dass wir den Hinweis von Frau Holt haben. Woher diese ihr Wissen bezieht, weiss ich natürlich nicht.» «Rufen Sie mich nochmals an», sagte Anna, «ich versuche, das in der Zwischenzeit herauszufinden, und wer weiss, kann ich Ihnen morgen auch schon mehr sagen.»

Kaum hatte Anna aufgehängt, rief sie in der Praxis von Linard an. Frau Kovac nahm ab. Ohne sich mit Begrüssungsfloskeln abzugeben, fragte Anna sie: «Frau Kovac, ich hatte Sie doch gebeten, mich zu informieren, falls Frau Holt Sie nochmals anruft. Das haben Sie nicht getan. Aber ich denke, Sie haben ihr gesagt, dass ich Gian Cla Linard verteidige. Ich erhielt heute nämlich einen Anruf vom «Zürich heute» und diese Entwicklung des Falles gefällt mir gar nicht.» Frau Kovac schwieg und plötzlich stiess sie hervor. «Ich habe Frau Holt gar nichts gesagt. Ich wollte sie abwimmeln, aber sie gab einfach nicht auf. Um das Gespräch endlich beenden zu können, habe ich nur gesagt, sie solle sich an Sie wenden, ich wüsste gar nichts.» «Nun Frau Kovac, es braucht wohl nicht viel Intelligenz, um auf ein Strafverfahren zu schliessen, nach der Geschichte, die sie Frau Holt erzählt hatten und aus der Tatsache, dass eine Anwältin eingeschaltet wurde. Frau Holt kann eins und eins zusammenzählen – und jetzt haben wir den Salat.» «Aber ich habe Frau Holt doch gar nichts gesagt.» «Eben doch, und das war schon zu viel. Übrigens ist auch das eine Verletzung des Berufsgeheimnisses.» Anna knallte den Hörer auf.

«Ach du heilige Einfalt», rief Anna aus. Und doch, sie hatte es ja gewusst, dass sie solche Weiterungen nicht verhindern konnte – und auch die sich abzeichnende Schlammlawine würde sie nicht aufhalten können. Zwar waren die Art und Weise, wie der Fall an die Medien gekommen war, unerwartet. Von einer Frau Holt hatte sie ja vor kurzem noch gar nichts gewusst. Aber wenn es nicht Frau Holt gewesen wäre, wäre es halt Herr Pfister gewesen. Jetzt hatte sie viele Anrufe zu tätigen: Sie musste Gian Cla über die unangenehme Entwicklung des Falles informieren. Mit Staatsanwalt Fried musste sie reden. Sollte sie ihm von Frau Holt erzählen? Es war zwar wahrscheinlich, dass Fried es eh irgendwann erfahren würde, nur musste man dann natürlich wieder das Verhalten von Frau Holt erklären und das liess wieder einen Schatten auf Gian Cla fallen. Also, zuerst mit Gian Cla reden.

Gian Cla's einsame Gedanken

Nach dem Gespräch mit Anna Berger blieb Gian Cla bewegungslos sitzen. Er war in seinem Besprechungszimmer und fühlte sich wie gelähmt. Er haderte. Eine Patientin in der Narkose sexuell missbrauchen, eine – welch unsäglich Wort – Schändung. Er konnte es noch immer nicht fassen und würde es auch nie fassen können. Nie hatte er eine Frau auch nur annähernd belästigt. Das war nicht er. Umgekehrt war er selbst schon häufiger von Frauen angegangen worden und hatte sich in diesen Situationen mehr schlecht als recht verhalten. Als Erstes überkam ihn jeweils ein Fluchtreflex. Das war auch bei Tina Holt so gewesen. Nur konnte man nicht aus der Praxis fliehen. Am Schluss war er nicht um eine Kündigung herumgekommen. In der Hoffnung, sie zu beruhigen, hatte er sie grosszügig abgegolten. Es hatte offenbar nichts genützt. Wie kam Tina Holt nun auf die unsägliche Idee, ihn zu belasten, ihn bei der Presse zu verpfeifen, ohne überhaupt zu wissen, was genau vorgefallen war. Er hätte sich ohrfeigen können, dass er der Holt noch die Möglichkeit gegeben hatte, Frau Kovac einzuführen. Da war offenbar eine unheilvolle Allianz zwischen diesen beiden Frauen entstanden. Jetzt würde er auch Frau Kovac kündigen müssen. Das hatte ihm auch Anna nahegelegt. So ging es wohl nicht weiter. Ohnehin musste er den gesamten Praxisbetrieb jetzt wieder einstellen, da der Fall publik werden würde. Die Patienten musste er an seine Kollegen in der Gemeinschaftspraxis weiterleiten. Zum Glück hatte er schon mit ihnen gesprochen.

In diesem Augenblick wurde es Gian Cla schmerzhaft bewusst, dass er diesen strafrechtlichen Vorwurf nie mehr ganz loswerden würde. Was für eine Erfahrung. Da konnte jemand einfach ein Delikt behaupten und diese Behauptung zerstörte ein Leben, die berufliche Laufbahn, Familie, Ehe, selbst wenn sich am Schluss herausstellen sollte, dass alles nicht wahr war. Diese Problematik war ihm neu und er hatte auch nie darüber nachgedacht. Letztlich würde er sich jetzt zurückziehen müssen und warten, wie sich das Strafverfahren entwickelte. Nur, solange keine Einstellung auf dem Tisch lag, konnte er eh nicht ausatmen, noch nicht einmal, wenn sie da war. Denn eine solche Einstellungsverfügung würde wohl noch von Frau Pfister angefochten werden können.

Das Telefon klingelte im langweiligen, ganz normalen Klingelton. Er hatte sich nie für auffallende Klingeltöne entscheiden können. Seine Töchter hatten jeden Song durchprobiert, ebenso Klänge von Schiffshupen und Walfischgesängen. Gian Cla war nun mal eher ein langweilig Konservativer, meinte er jedenfalls. Am Telefon war Kathrin. «Gianni», wann hatte sie ihn bloss das letzte Mal so genannt? «Ich werde jetzt mit Seraina und Ladina wieder nach Ftan ins Ferienhaus fahren und schlage vor, dass wir dort gleich die Weihnachtstage verbringen. Komm doch auch. Ich denke, du wirst auch mit deiner Mutter und meinen Eltern sprechen müssen.» «Mit meiner Mutter werde ich sprechen, aber mit deinen Eltern möchte ich noch zuwarten. Es ist ja noch nichts an die Öffentlichkeit durchgesickert. Und du weisst ja, wie sehr mich deine Eltern lieben. Am Ende werden sie diese Schundgeschichte auch noch glauben.» Kathrin seufzte. «Gut», meinte sie, «auch ich sage zuerst mal meinen Eltern nichts. Aber wenn es in die Medien kommt, dringt die Nachricht auch ins letzte Bündner Tal.» Sie schwiegen beide. Schliesslich fragte Kathrin «Hast du schon mit Jon darüber gesprochen?» «Hm ja, ich habe ihm etwas angetönt, aber ich werde ihn noch genauer informieren müssen.» Kathrin schwieg wieder. Gian Cla merkte, dass sie noch etwas sagen wollte, es dann aber unterliess.

Nachdem er aufgehängt hatte, wollte ihm Frau Kovac Herrn Pünter vom «Zürich heute» durchstellen. «Den Anruf nehme ich nicht an und Sie Frau Kovac, sagen kein Wort.» Gian Cla mochte nicht mehr telefonieren, ging an den Empfang und teilte Frau Kovac mit, dass sie auch noch die letzten Patienten an seine Kollegen weiter weisen musste und dass er die Praxis bis auf Weiteres schliessen würde. «Bitte besprechen Sie den Telefonbeantworter dahingehend, dass ich in den Weihnachtsferien sei und man sich in dringenden Fällen an meine Praxiskollegen wenden möge.» «Werden Sie mir kündigen?», fragte Frau Kovac. «Nein, noch nicht», antwortete Gian Cla, «aber über eine Kündigung und ihre Folgen werden wir reden müssen. Ich habe mir das nicht ausgesucht, glauben Sie mir.» Tränen liefen Frau Kovac übers Gesicht. «Es tut mir so leid», sagte sie. «Mir auch», antwortete Gian Cla trocken. Daraufhin verliess er die Praxis. Er hatte noch einiges vor.

Der Staatsanwalt denkt nach

Staatsanwalt Fried sass in seinem Büro und dachte nach. Grundsätzlich war er mit Anna Berger einer Meinung. Am Fall Linard war zu wenig dran, es gab nach wie vor keine Beweise und die Argumente von Anna Berger waren logisch. Frau Pfister hatte erkennbar den Zusammenhang «Blutung gleich Geschlechtsverkehr» hergestellt und liess sich davon auch nicht mehr abbringen. Was sie als Opfer oder mit ihrer Opferrolle bei ihrem Mann erreichen wollte, war auch nicht ganz klar. Andererseits, dessen war sich Fried bewusst, war es in der heutigen Zeit heikel, die Untersuchung wegen eines Sexualdeliktes zu schnell einzustellen. Er sah schon die Vorwürfe in den Zeitungen. Es war auch nicht ausgeschlossen, dass sich «MeToo»-Aktivistinnen vor dem Eingang der Staatsanwaltschaft einfinden würden. Das erst Mal wäre es nicht. Ihm standen die Nackenhaare auf, wenn er sich an das letzte Mal erinnerte. Wenn Medien, Politik und Ideologien in einen Fall hineinspielten, dann war das Recht gefährdet. Auch darin gab er Anna recht. Andererseits war Anna Berger in solchen Fällen auch recht aggressiv, musste sie wohl auch. Anna Berger hatte ihm nicht sagen können, wer die Medien benachrichtigt hatte, aber da gab es ja ohnehin genug Möglichkeiten, zumal die Opferschutzstelle doppelt vertreten war. Andererseits glaubte er nicht, dass Frau Pfister oder ihr Mann diesen Schritt gemacht hatte, weil es für das Opfer auch nicht so einfach war, an das Licht der Öffentlichkeit gezerrt zu werden. Wie auch immer, es war wie es war.

Das Telefon klingelte und wie immer über Mittag nahm er selbst ab. «Guten Tag Herr Staatsanwalt, hier ist Pünter von ‹Zürich heute›». Staatsanwalt Fried unterbrach ihn. «Ich weiss, dass Sie über den Arztfall informiert worden sind. Es gibt zu diesem Fall nichts zu sagen. Zu einem laufenden Verfahren möchte ich mich eh nicht äussern.» «Nun», meinte Pünter, «nicht alle Kollegen sind so verschwiegen wie Sie, hin und wieder lassen sie durchaus etwas fallen. Die Öffentlichkeit hat ein Recht auf Information.» «Ach, nicht schon wieder dieser Spruch, den habe ich schon zu oft gehört», seufzte Fried. «Wissen Sie Herr Pünter, dem Recht der Öffentlichkeit auf Informationen steht der Persönlichkeitsschutz der Beteiligten entgegen. Vorliegend gilt das umso mehr, weil die Anhaltspunkte für eine Strafbarkeit sehr gering sind und eine Einstellung des Verfahrens im Raum steht. Bitte akzeptieren Sie das.» «Ich werde Sie immer wieder anrufen, Herr Staatsanwalt», meinte Pünter, «so leicht kommen Sie mir nicht davon. Sie können es sich ja selbst vorstellen: Ein Sexualdelikt, begangen durch einen erfolgreichen Arzt, im Vorstand des Ärzteverbandes, auf der Kantonsratsliste, das ist ein zu grosser Leckerbissen.» «Was aber, wenn der Leckerbissen unschuldig ist?» «Ist er das denn?», fragte Pünter, der sofort auf diese Antwort reagierte. «Wie gesagt», antwortete Fried, «es gibt wenig Anhaltspunkte für eine Strafbarkeit. Wenn Sie mit Ihrer Berichterstattung fair sein wollen, warten Sie erst mal ab, ob noch Belastendes zum Vorschein kommt.»

Fried hängte auf. Er hasste Journalisten. Aber Pünter hatte schon recht, es gab Kollegen, die sich wichtig fühlten, wenn die Medien sich an sie wandten und sie nicht einfach so abklemmten, wie er es jetzt getan hatte. Die Weisungen der Oberstaatsanwaltschaft waren, auf Anfragen hin allein mitzuteilen, dass ein Strafverfahren im Gange war. Aber ansonsten durfte während eines laufenden Verfahrens keine Auskunft gegeben werden. Auch daran hielten sich nicht alle. Natürlich wusste Fried nur zu gut, dass die Auskunft «Es gibt ein Strafverfahren, aber dazu darf ich nichts sagen», den Beschuldigten bereits in hohem Masse belastete. Grundsätzlich hatte Anna recht. Man sollte eine solche Auskunft, ja eine Auskunft überhaupt, erst geben dürfen, wenn feststand, dass Anklage erhoben würde. Wenn sich also die Hinweise für eine Schuld des Beschuldigten verdichteten. Sonst bestand die Gefahr, und das war vorliegend bei Gian Cla Linard wahrscheinlich der Fall, dass ein Unschuldiger unter die Räder der Medien und der öffentlichen Meinung geriet. Er würde diese Problematik mal bei der Oberstaatsanwaltschaft thematisieren. Irgendwie sassen die Staatsanwälte und die Richter zu weit entfernt vom Puls des Lebens und vom Leiden der ihnen Unterworfenen.

Er erinnerte sich an Balz Denzler, einen Staatsanwaltskollegen. Der war letztes Jahr von seiner Partei zur Richterwahl vorgeschlagen worden. Kurz vor der Wahl jedoch erschienen in verschiedenen Medien Artikel darüber, dass Balz ein Auto im angetrunkenen Zustand gefahren hatte, über einen FiaZ (Fahren im angetrunkenen Zustand) also. Balz hatte für zwei Monate seinen Fahrausweis abgeben müssen, nachdem er mit 1,1 ‰ mitten in der Nacht von der Polizei angehalten worden war. Es erschienen Artikel zur «Vorbildfunktion eines Richters», eines Beamten überhaupt, und natürlich war Balz nicht zum Richter gewählt worden. Irgendwann war er auch nicht mehr auf der Staatsanwaltschaft erschienen. Die mediale Aufmerksamkeit, und sie war noch gar nicht so arg gewesen, hatte ihm sehr zugesetzt. Offenbar war er von Kollegen immer wieder gepiesackt worden und man hörte das Gerücht, dass auch seine Frau mit dieser Situation nicht hatte umgehen können und die Scheidung eingereicht hatte. Dabei war es doch ein einmaliger Lapsus gewesen. Balz war dafür mit einer saftigen Busse bestraft worden, neben dem Entzug des Fahrausweises. Doch: Das genügte nicht. Die tatsächliche Strafe war wesentlich härter. Das Fahren im angetrunkenen Zustand durch einen Bäcker wäre keines Zeitungsartikels würdig gewesen. Fried dachte nach. Er wusste gar nicht, was aus Balz geworden war, aber ein Fehler konnte jedem passieren. Am Ende des Tages waren doch alle Menschen, egal wer oder was sie waren. Nur der berufliche und soziale Fall war jeweils unterschiedlich tief. Kein Pardon in den Medien für die Arrivierten und Erfolgreichen. Das war eine unfaire Folge der üblich gewordenen, sicher ab und an auch berechtigten, Elitenkritik. Fried wandte sich wieder seinen Akten zu. Ob Journalisten oder nicht, das änderte am Fall Linard nichts. Er fing an, die Einstellungsankündigung an die Anwälte zu diktieren.

«Schändung in der Arztpraxis»

Anna war völlig erledigt, als sie nach Hause kam. Immerhin hatte Flavio gekocht. Er hatte gespürt, dass dieser Abend schwierig werden würde. Anna hatte ihn über Mittag angerufen und gesagt, sie fühle sich wie vor einem Bombenangriff, ohne zu wissen, wann die Bomben fallen würden. «Wie kannst du das sagen?», meinte Flavio, «du hast ja noch gar nie einen Bombenangriff erlebt.» Anna musste trotz allem etwas lächeln. Nun also hatte Flavio gekocht und es duftete wunderbar. Sie brachte es nicht übers Herz, ihm zu sagen, dass sie keinen Hunger hatte und zwang sich, etwas zu essen. Mirjam und Sandra waren bereits am Tisch und schauten sie besorgt an. Offenbar hatte Flavio mit ihnen gesprochen. «Was wird jetzt passieren?», fragte Mirjam. «Ich befürchte, dass morgen etwas in der Presse erscheint. Was, das wird sich weisen. Dieser Journalist vom «Zürich heute», der bei Kathrin war, lässt auf nichts Gutes hoffen.»

«Was wird Gian Cla denn genau vorgeworfen?», fragte Mirjam. «Eigentlich darf ich euch das ja nicht sagen, aber ihr werdet es eh relativ bald erfahren.» «Ich weiss es schon», sagte Sandra, «ich habe heute mit Ladina gesprochen. Sie ist seit gestern mit Kathrin und Seraina wieder im Engadin. Sie hat während des ganzen Telefonats geweint. Wie könne man ihrem Vater nur so etwas vorwerfen? Nie würde er je eine Frau belästigen, geschweige denn sexuell attackieren.» «Nun, das sagen wohl alle Familienmitglieder», meinte Mirjam trocken. «Schon», sagte Anna, «aber in diesem Fall glaube ich auch, dass nichts dran ist. Gian Cla ist keiner, der Frauen missbraucht.» «Würdest du ihn auch verteidigen, wenn er schuldig wäre?», fragte Mirjam. «Sicher», antwortete Anna, «ein Schuldiger hat eine gute Verteidigung erst recht nötig.» «Ich meine, auch wenn es der Mann einer Freundin ist?», ergänzte Mirjam. Anna wollte schon bejahend antworten, stockte dann aber. «Dann vielleicht nicht, das wäre zu belastend.» «Und wenn sich erst im Laufe des Verfahrens die Schuld des Klienten herausstellt?», fragte Sandra. Anna drehte so langsam der Kopf als sie antwortete: «Das müsste ich mir dann gut überlegen. In der Regel lege ich ein Mandat nieder, wenn mich der Klient so angelogen hat, denn gestützt auf Lügen kann ich keine Verteidigung aufbauen.»

Die Mädchen waren sich gewohnt, dass am Familientisch schwierige Probleme besprochen wurden. Sie fanden es auch interessant, dass ihre Mutter als Anwältin immer so spannende Geschichten zu erzählen hatte. Ganz stolz hatten die beiden Mädchen schon berichtet, dass ihre Freundinnen sie darum beneideten und sich häufig beklagt hätten, bei ihnen würde es im Vergleich dazu «langweilig» zugehen. Nach dem Essen gingen die Töchter noch in den Ausgang.

Flavio und Anna setzten sich ins Wohnzimmer mit einem Glas Wein. «Wie geht es dir, stehst du das durch?», fragte Flavio. «Du weisst, dass ich das durchstehe Flavio, ich habe das schon ein paar Male durchgestanden.» «Nun ja, die allfällige Medienprotestwelle würde ja nicht nur Gian Cla, sondern sicher auch seine Anwältin treffen.» «Damit muss ich leben, das weisst du. Wenn es mal im Gange ist, kann ich ja auch eher etwas tun, nur warten, dass die Lawine losgeht und nicht genau zu wissen, wie und wann, das ist schon arg enervierend.» «Ich weiss», sagte Flavio, «dass Kathrin viele Freunde und Freundinnen hat. Sie ist auch recht gut aufgehoben in ihrer Familie. Von Gian Cla weiss ich so gut wie nichts. Hat er Freunde oder hat er nur Berufs- und Parteikollegen? Seine Eltern wohnen meines Wissens in Scuol.» «Ich weiss auch nicht viel mehr», sagte Anna. «Er ist im Unterengadin in die Primarschule gegangen. Dann kam er ins Lyceum Alpinum nach Zuoz. Seine Mutter lebt noch, sein Vater meines Wissens auch, befindet sich aber in einem Pflegeheim wegen seiner Demenz. Geschwister hat Gian Cla keine. Freunde sollte er haben, er geht ja immer mit Freunden auf Bergtouren. Das war der Grund, warum er so selten zu Hause war.» «Ja, für Täter oder Beschuldigte gibt es keine Care Teams», meinte Flavio, «nicht mal, wenn sie unschuldig sind, dabei ist es wahrscheinlich einer der psychologisch belastendsten Situationen, in die man geraten kann. Himmel, ich kann es mir nicht vorstellen. Das ist übrigens ein Grund, warum ich seit Jahren nur noch männliche Angestellte habe. Ich denke, die Vorstellung, in ein solches Verfahren zu geraten, macht jedem Mann Angst.» «Nun übertreibst du aber», meinte Anna, «so gross ist die Gefahr, dass das passiert, auch wieder nicht.» «Du siehst ja, dass es Gian Cla passiert ist, aber es gibt sicher Berufsgattungen, bei denen die Gefahr grösser ist.» Anna dachte an Tina Holt, aber von ihr wusste Flavio nichts. Es war immer eine Gratwanderung für sie, das Berufsgeheimnis in der Familie einzuhalten. Wohl wusste sie, dass Flavio nie etwas weitererzählen würde. Bei den Mädchen, sie waren doch noch so jung, war sie sich nicht so sicher. Nur, als ihre Töchter bekamen sie natürlich einiges mit, allem voran den Notruf vor ein paar Wochen morgens um sechs. Besorgt gingen Anna und Flavio zu Bett.

Tatsächlich ging morgens um sechs schon wieder das Telefon. Ein Kollege aus Annas Büro, Georg Dreher, der wie alle

Kollegen von Annas Fall einiges mitbekommen hatte und der ein Frühaufsteher war, sagte ohne grosse Begrüssung «Erschrick nicht, Anna, wenn du die Schlagzeile des «Zürich heute» siehst. Ich wollte dich nur warnen.» Tatsächlich hatte Georg noch nie so früh angerufen. Anna, noch etwas verschlafen, fragte: «Wie lautet denn die Schlagzeile?» «Nur ein Satz», sagte Georg, «Schändung in der Arztpraxis?» Anna schluckte. Warum war sie nicht erstaunt? «Danke Georg, ich werde eh gleich aufstehen und es ist nicht deine Schuld, dass der Tag schlecht angefangen hat. Ich wusste, das sowas kommt.» Flavio war schon aufgestanden und verschwunden.

Nach zehn Minuten kam Flavio mit einem «Zürich heute»-Exemplar zurück, gerade zum Frühstück. «Lies es mir bitte vor», bat Anna, «ich mag es gar nicht selbst lesen.» Flavio setzte an: «Schändung in der Arztpraxis? Dem bekannten und renommierten Gastroenterologen L. wird in einem Strafverfahren vorgeworfen, eine Patientin in der Narkose sexuell missbraucht zu haben (Schändung). Staatsanwalt Fried von der Staatsanwaltschaft 1 bestätigte, dass ein Strafverfahren gegen L läuft, wollte aber dazu keine Stellung nehmen. Die Anwältin und Verteidigerin von L., Rechtsanwältin Anna Berger Conti, gab lediglich die Auskunft, dass an diesem Fall nichts dran sei, es würde sich sehr wahrscheinlich um einen Irrtum handeln. Sie erwarte eine baldige Einstellung. Dr. L. war gestern Abend für eine Stellungnahme nicht mehr zu erreichen. Der Tatbestand der Schändung bedeutet sexueller Missbrauch an einer Patientin oder an einer Frau, die sich nicht wehren kann, sei es, dass sie immobilisiert ist, sei es, dass sie nicht bei Bewusstsein ist. In der Bundesgerichtspraxis gab es in den letzten zwanzig Jahren vier Fälle von Schändungen, die Ärzte betrafen: Einen Psychiater, zwei Gynäkologen und einen Orthopäden, wobei letzterer nicht der Schändung, sondern des sexuellen Missbrauchs bezichtigt wurde. In all diesen Fällen kam es zu Verurteilungen. Wir wissen heute: Auch der Gott in Weiss ist nicht unfehlbar.» Flavio legte die Zeitung nieder. «Zum Kotzen», meinte er kurz. «Könnte noch schlimmer sein», meinte Anna. «Wenigstens hast du jetzt ausgiebig gefrühstückt», lächelte Flavio. «Ich werde heute Kalorien gebrauchen können. Ich mach mich dann mal bereit und fahre in die Kanzlei. Ich muss Anita im Sekretariat noch instruieren, wie sie mit der Flut von journalistischen Anfragen umzugehen hat. Ich denke nicht daran, auch nur eine am Telefon anzunehmen.» «Ist das klug?», fragte Flavio. «Was ist in einem solchen Fall schon klug Flavio?», fragte Anna. «Zurzeit müssen wir dem Schicksal seinen Lauf lassen und ich kann nur hoffen, dass Staatsanwalt Fried wirklich einstellt. Angekündigt hat er es. Ich werde ihn jedenfalls heute Morgen nochmals anrufen und fragen, wie es mit der Einstellung steht. Das wäre ein perfektes Argument gegenüber den Journalisten. Mitzuteilen, dass so wenig Fleisch am Knochen sei, dass der zuständige Staatsanwalt das Verfahren bereits am Einstellen sei, dürfte die Aufregung etwas runterkühlen.»

Als Anna in ihre Kanzlei kam, ging sie erst mal zu Georg, der als Frühaufsteher schon länger an der Arbeit war. «Wann bist du denn heute aufgestanden?», fragte sie ihn. «Um halb sechs, ich gehe um diese Zeit immer joggen, und um sechs Uhr waren die ersten Schlagzeilen schon überall angeschlagen. Ich wollte dich warnen. Was für ein Scheissfall, Anna.» «Das kannst du laut sagen, aber noch ist nicht aller Tage Abend.» «Glaubst du nicht, dass dieser Vorwurf deinen Klienten ein Leben lang begleiten wird?» «Oh doch, natürlich wird er das, selbst wenn eine Einstellung erfolgt oder er freigesprochen würde, das sah man ja bei Woody Allen. Andererseits ist er ja zum Glück nicht Woody Allen, wobei gut verdienende, renommierte Ärzte natürlich auch ganz attraktive Sündenböcke abgeben.» «Ich stelle mir das ganz schrecklich vor», meinte Anita, die Sekretärin, die gerade mit der neusten Telefonliste reinkam. «Stell's dir besser gar nicht vor», antwortete Anna. «Dir kann es ja auch nicht passieren. Es gibt nur sehr wenige Verfahren, wo Frauen wegen Sexualdelikten zur Verantwortung gezogen wurden und dann meist nur als Gehilfinnen in irgendeiner Form. Aber wer weiss, bei all diesem «Gender-Durcheinander» heute, kommt das vielleicht auch noch.»

Kathrin erzählt

Als Anna am nächsten Morgen, noch erledigt vom Vortag, in ihre Kanzlei kam, fand sie in der Post ein Schreiben von Staatsanwalt Fried, in dem er den beiden Rechtsvertreterinnen, also ihr und der Opferanwältin Geisser, mitteilte, er habe von seiner Seite aus die Beweisabnahme abgeschlossen und gedenke, den Fall einzustellen. Er setzte beiden Parteien eine Frist von zehn Tagen an, um sich dazu zu äussern und allenfalls noch mehr Beweisanträge zu stellen. Warum hatte sie diesen Brief nicht schon gestern bekommen, seufzte Anna, setzte sich ans Pult und begann zu diktieren:

Sehr geehrter Herr Staatsanwalt

Bezugnehmend auf Ihr heutiges Schreiben, wonach Sie den Fall Linard einzustellen gedenken, teile ich Ihnen mit, dass wir keine weiteren Beweisanträge stellen.
Der Fall ist meines Erachtens auch so klar. Wie schon festgestellt, und da verweise ich nochmals auf meine Ihnen vorliegende Eingabe mit meinem Argumentarium, gibt es keinen einzigen Tatbeweis oder auch nur ein Indiz dafür, dass Herrn Linard die angezeigte Tat begangen hat. Vielmehr ist davon auszugehen, dass Frau Ines Pfister, möglicherweise verwirrt durch die Narkose und noch

immer unter dem Eindruck der Geburt ihres ersten Kindes, sich in ihre Version hineingesteigert hatte.
Es stellt sich auch die Frage, ob ein Arzt nach einem langen, strengen Tag und nach einer Magenspiegelung überhaupt auf die Idee kommen kann, ja nur schon die Energie aufzubringen vermag, eine schlafende Patientin, die jeden Augenblick aufwachen kann, zu missbrauchen. An Dr. Linards Unschuld können vorliegend keine Zweifel bestehen, denn es ist kein auch noch so entfernter Tat- bzw. Schuld-Beweis vorhanden.
Zu berücksichtigen ist auch Folgendes: Welcher Sexualtäter fängt erst mit 50 Jahren an, zu delinquieren? Darüber wurde noch gar nicht richtig nachgedacht. Nie ist Dr. Linard straffällig geworden, noch nicht mal wegen eines Strassenverkehrsdelikts – geschweige denn wegen schwererer Delikte.
Aus all diesen Gründen ist der Fall, wie von Ihnen in Aussicht gestellt, einzustellen.

Mit freundlichen, kollegialen Grüssen
Anna Berger Conti, Rechtsanwältin

Anna übergab das Diktat ihrer Sekretärin Anita mit der Bitte, es sofort zu schreiben, damit ihre Antwort auf die Ankündigung der Einstellung noch gleichen Tags auf die Post ging.

Natürlich war Anna sich bewusst, dass Frau Pfister beziehungsweise Rechtsanwältin Geisser sich gegen diese Einstellung wehren würden. Wohl chancenlos, wenn nicht neue Indizien hinzukämen. Noch immer war Anna unsicher, ob sie Staatsanwalt Fried von Frau Holt beziehungsweise von Frau Holts Vorgehen erzählen sollte. Jedenfalls witterte sie von dieser Seite noch immer Gefahr. Kaum hatte Anna fertig diktiert, klopfte es an der Türe und Georg, ihr Kollege, kam herein. Freundlicherweise hatte er am Vortag und heute sämtliche Journalisten abgewimmelt, so wie sie es abgemacht hatten, immer mit derselben Begründung, «Da ist nichts dran.»

«Wie viele waren es denn?», fragte Anna. «Nun, ich habe dir eine Liste gemacht. Die üblichen Verdächtigen halt, sämtliche Tageszeitungen, Regionalradios, Lokal- und SRF-Fernsehen – Ich denke, sie werden es alle wieder versuchen.» «Nun», meinte Anna, «die Situation hat sich zwischenzeitlich etwas gebessert, als dass Staatsanwalt Fried den Fall wirklich einzustellen gedenkt. Das möchte ich aber noch nicht an die grosse Glocke hängen, man weiss ja nie, was noch passiert. Somit bleiben wir bei der Aussage, dass da nichts dran sei und der Staatsanwalt den Fall einstellen will. Bis gestern wussten die Journalisten noch nicht, um welche Patientin es sich handelt. Es ist allerdings zu befürchten, dass Rechtsanwältin Geisser sich bald im Namen der Opferhilfe melden wird.» «Mit der Einstellung des Verfahrens wird es eh etwas dauern», meinte Georg, «du hast ja jetzt erst mal zehn Tage Zeit, um dich zur Anzeige der Einstellung zu äussern und Beweisanträge zu stellen. Die Gegenseite hat die gleichen zehn Tage Zeit. Bis dann der Staatsanwalt tatsächlich einstellt, gehen gut und gern drei Wochen vorbei.» «Danke Georg, dass du mir die Journalisten vom Hals gehalten hast. Immerhin: Bald ist Weihnachten und das nimmt regelmässig der Aktualität eines Falles vorübergehend den Biss. Zudem passiert in aller Regel zwischen

Weihnachten und Neujahr seitens der Gerichte und Behörden nicht viel.»

Anna versuchte, telefonisch Gian Cla zu erreichen, was aber nicht gelang. Sie wollte mit ihm die gute Nachricht der angekündigten Einstellung so rasch wie möglich überbringen. Das würde den Schock über die Pressemitteilung etwas mildern. Sie versucht es bei Kathrin, die abnahm. Anna fragte, ob sie wisse, wie sie Gian Cla erreichen könne. Kathrin zögerte einen Augenblick. «Du hast ja seine Mobilnummer, nicht?» «Ja, aber dort nimmt er nicht ab und in der Praxis ist er auch nicht.» Kathrin klang besorgt. «Ich weiss, dass er in der Zwischenzeit mit seinen Kollegen, mit den Personen des Vorstands der Ärztegesellschaft und auch mit dem Parteipräsidenten gesprochen hat. Es ging ihm danach gar nicht gut. Und jetzt noch diese Pressegeschichte. Darum bin ich heute aus dem Engadin zurückgekommen. Die Mädchen sind oben geblieben. Ich mache mir Sorgen. Ich denke, er ist zu Jon, einem Bergsteigerfreund, gegangen. Zu Hause hätte er es nicht ausgehalten. Versuch es doch auch einmal bei Jon.» «Wie heisst dieser Jon denn noch?», fragte Anna. «Jon Caprez. Gian Cla kennt ihn seit Schultagen.»

Kathrins Stimme brach, was Anna erstaunte. «Ist da noch etwas Kathrin, sind dir noch mehr Journalisten auf die Pelle gerückt? Oder gibt es noch andere Tina Holts?» «Anna», fragte Kathrin, «könntest du vorbeikommen? «Ich glaube, es ist Zeit, dir etwas zu erzählen.» «Ich kann vorbeikommen Kathrin, oder willst du allenfalls lieber zu mir kommen?» «Bitte Anna, komm zu mir.» «Gut, ich sollte in einer Viertelstunde bei dir sein», meinte Anna, die die Dringlichkeit in Kathrins Stimme bemerkte. Sie fuhr nach Wollishofen in das Quartier, in dem sie mit ihrer Familie einige Jahre lang gewohnt hatte. Vor dem

Haus der Linards parkierte sie direkt vor der Gartentür, es hatte immer zu wenig Parkplätze in Wollishofen. Kathrin stand schon an der Türe. Sie sah schlecht aus, müde, mit fahler Gesichtsfarbe. «Komm rein», sagte sie, «möchtest du einen Kaffee oder ein Glas Wein?» «Kaffee und ein Glas Wasser gerne», antwortete Anna. «Oder brauchen wir gleich einen Whisky?»

Als sie sich gesetzt hatten, schwiegen beide Frauen zuerst einmal. Dann begann Anna mit: «Kathrin, ich spüre es seit Anfang des Verfahrens, dass irgendetwas nicht stimmt. Ich konnte es nicht genau einordnen, wusste, dass es mit der Ehe zwischen dir und Gian Cla nicht zum Besten steht. Und dann die Geschichte mit Tina Holt. Aber da ist noch mehr, oder nicht?» «Anna», antwortete Kathrin, «Gian Cla kann diese Frau nicht missbraucht haben.» «Das hast du mir schon mehrmals betont», sagte Anna, «erklär mir das genauer.» «Gian Cla mag keine Frauen, Anna. Frauen stossen ihn sexuell eher ab. Gian Cla ist homosexuell und kaum jemand weiss das. Niemand durfte es wissen.»

Nun fiel es Anna wie Schuppen von den Augen. Aber ja doch, Gian Cla hatte ja selbst immer wieder betont, dass er sich für keine der Frauen, die sich ihm näherten, interessierte. Kathrin hatte immer wieder betont, dass Gian Cla, obwohl bei den Frauen beliebt, nie auf Avancen reagierte. Wie hatte sie das bloss übersehen, die Hinweise nicht richtig deuten können? Sie hatte es die ganze Zeit vor Augen gehabt, aber nicht die richtigen Schlüsse gezogen.

«Weisst du», sagte Kathrin, «heute ist das ja grundsätzlich keine Schande mehr. Es vergeht kein Tag, an dem nicht eine Persönlichkeit sich outet, homosexuell zu sein. Ja, manchmal habe ich den Eindruck, man muss sich eher outen, nicht homosexuell zu sein. Homosexualität sollte doch heute kein Problem mehr darstellen, aber weit gefehlt. Ein Mann aus einer puritanischen, ländlichen Familie aus den Bündner Bergen, ein Mann mit zwei Töchtern, erfolgreich in Beruf und Politik, der outet sich nicht plötzlich mit 50. Es ist verrückt, ich habe Gian Cla schon die ganze Zeit gesagt, er solle wenigstens dich informieren. Er will das nicht, er will es auch jetzt nicht. Ihm ist lieber, dass er als Sexualtäter angeprangert wird, denn als Homosexueller. Das ist doch völlig verrückt. Und viel mehr, als dass dieses Strafverfahren nun an die Öffentlichkeit kommt, fürchtete er, dass seine Homosexualität bekannt wird.» «Wann hast du denn realisiert, dass Gian Cla homosexuell ist?», fragte Anna. «Ach, Anna», antwortete Kathrin. «Ich war blutjung, als ich Gian Cla anlässlich eines Tanzfestes in Scuol an einem Sommerabend kennenlernte. Er war der schönste Mann vor Ort, wäre er wohl heute noch. Alle Frauen umschwärmten ihn, ausser mir. Schon damals hatte ich meinen Stolz und wollte mich nicht einem Mann in die Arme werfen. Das war genau der Grund, warum er dann mich zum Tanz aufforderte. Er mochte keine Frauen, schon gar kein aufdringlichen, nur, das wusste ich damals natürlich noch nicht. Homosexualität existierte in meiner Welt nicht. Das gab es schlicht nicht in dieser Zeit, jedenfalls nicht im Engadin – und wenn, dann redete man nicht darüber.»

Nach einem Schluck Wasser fuhr Kathrin fort. «Erst später erfuhr ich, dass Gian Cla schon im Internat in Zuoz unter seiner Veranlagung gelitten hatte. Damals schon fing seine Beziehung zu Jon Caprez an. Sie sind ein sehr altes Paar, die älteste Beziehung, die Gian Cla hat. Jon ist ihm auch immer treu geblieben, hat nie geheiratet. Er war sich aber bewusst, dass Gian Cla nicht zu seiner Homosexualität stehen konnte und auch nicht stehen wollte. Gian Cla wollte eine Familie, wollte ein völlig normales, bürgerliches Leben führen. Und so kam ich ihm an diesem Sommerabend gelegen: Ich war hübsch, nicht aufdringlich und total naiv. Ich glaube, meine Eltern wissen bis heute nicht, dass ihr Schwiegersohn schwul ist. Die Tragödie daran ist, dass Gian Cla und ich uns durchaus lieben. Ich liebe ihn jedenfalls, und er mich auf seine Art auch. Gian Cla hat seine Veranlagung jahrelang verdrängt. Natürlich merkte ich bald, dass irgendwas nicht stimmte. Nur hatte ich zuvor keine Erfahrungen mit Männern gehabt. Gian Cla war lieb zu mir, war zärtlich, aber heute weiss ich es: Er hat mich nie begehrt.

Intimitäten waren von Anfang an sehr schwierig. Ich denke, er hat sich mit Medikamenten beholfen, um überhaupt mit einer Frau Geschlechtsverkehr haben zu können. Da mir jeder Vergleich fehlte, spürte ich wohl, dass etwas nicht stimmte, aber kam natürlich nie auf die Idee, dass er homosexuell sein könnte. Nach der Geburt von Ladina gab es gar keine Sexualkontakte mehr. Ich sprach mit meinem Gynäkologen darüber und er machte mich auf die Möglichkeit aufmerksam, dass mein Mann homosexuell sein könnte. Es waren lange, mühsame und schwierige Gespräche, die folgten. Gian Cla bot mir die Scheidung an. Nach vielen Gesprächen beschlossen wir jedoch, unseren Töchtern eine möglichst normale Familie zu bieten. Das ging nicht so einfach und die Töchter mussten sich bald daran gewöhnen, dass der Vater beruflich viel unterwegs war. Dass sie jeweils allein, ohne mich, mit ihm in die Ferien gingen, störte sie weiter nicht. Es dauerte lange, bis sie bemerkten, dass ihre Eltern kein Liebespaar waren. Aber in der Pubertät nahmen sie einfach an, dass wir uns auseinandergelebt hatten. Die Eltern so vieler Schulkollegen waren geschieden. Dafür wurde bei uns nicht gestritten, wie Seraina eines Tages befriedigt feststellte. Aber die Mädchen wurden grösser und irgendwann fingen sie an, Fragen zu stellen. So richtig haben wir nie darüber reden können. Aber immerhin haben sie verstanden, dass wir nur pro forma zusammenleben und jeder sein eigenes Leben führt und seine eigenen Freundschaften pflegt. Die wichtigste Beziehung ihres Vaters, Jon Caprez, kennen sie allerdings nicht. Gian Cla hat alles getan, damit ein Kontakt zwischen Jon und seinen Töchtern gar nicht erst entsteht.»

Einen Moment lang betrachtete Kathrin ihre ineinander verschlungenen Hände, um dann fortzufahren: «Ich habe kürzlich darüber nachgedacht, ob wir nun nicht endlich, da beide Mädchen erwachsen sind, die Scheidung durchziehen sollen. Ich stosse dabei bei Gian Cla auf Widerstand. Ihm hat dieses Doppelleben immer zugesagt. Es ermöglichte ihm, seine Homosexualität zu leben und gleichzeitig zu verdrängen. Verdrängen spielt in seinem Leben eine grosse Rolle. Aber jetzt weisst du, warum Gian Cla unmöglich eine Frau missbraucht haben kann. Natürlich könnte man behaupten, er habe ja zwei Kinder und sei eventuell bisexuell. Nur Anna glaub mir, Gian Cla ist nicht bisexuell. Gian Cla ist hundertprozentig homosexuell. Unsere Töchter sind nur mit einiger Mühe zustande gekommen und nachher hat er sich keiner Frau mehr sexuell genähert. Darum ist der strafrechtliche Vorwurf so absurd.»

Anna dachte lange nach. «Ich weiss jetzt nicht so recht, wie ich mit diesem Wissen umgehen soll», meinte sie. «Soll ich den Staatsanwalt entsprechend informieren, aber dann kommt es in die Akten und das will ja Gian Cla gerade nicht.» «Ich habe versucht, mit Gian Cla darüber zu reden», teilte ihr Kathrin mit. «Aber er will das keinesfalls. Ich habe auch versucht, mit

Jon darüber zu reden. Jon hat versprochen, zu versuchen, Gian Cla zu überzeugen, dass er mindestens den Staatsanwalt über seine Homosexualität informiert. Selbst wenn dann noch der Hinweis einer möglichen Bisexualität im Raum liegt, hat es mit Sicherheit einen günstigen Einfluss auf das Verfahren. Mir ist es mittlerweile egal, ob Gian Clas Homosexualität bekannt wird. Schwieriger, das sehe ich ähnlich wie Gian Cla, ist es für unsere Töchter. Aber sie müssen ja jetzt mit dem Strafverfahren auch schon einiges aushalten. Ich weiss nicht, was richtig ist», seufzte Kathrin. «Ich werde versuchen, mit Gian Cla und Jon zusammen zu reden. Vielleicht finden wir eine Lösung. Ich gebe dir Jons Nummer.»

Als Anna wieder zu Hause war, schaute sie in Google nach, ob sie etwas über Jon Caprez finden konnte. Sie fand heraus, dass er ein renommierter Architekt war, der sein Büro und auch seinen Wohnsitz am Zürichberg hatte, an einer sehr edlen Wohnlage. Schön, dachte sie, griff zum Telefon, legte es dann aber wieder weg. Was wollte sie überhaupt sagen? Sie beschloss, erst mal mit Flavio zu reden. Als Architekt kannte er Jon Caprez wahrscheinlich.

Jon Caprez

«Natürlich kenne ich Jon Caprez», beantwortete Flavio Annas Frage, als sie bei einem gemütlichen Abendessen – und die waren in letzter Zeit etwas seltener geworden – sassen. «Er ist ein absolut angesagter Architekt und Innenarchitekt, sehr begehrt, besonders auch bei wohlhabenden Ausländern. Seine Villen werden immer wieder in Architekturzeitschriften abgebildet und beschrieben. Ich muss zugeben, er ist ideenreich, schlank in den Formen und Linien, und ästhetisch sehr anspruchsvoll. Er hat ein grosses Büro mit vielen Mitarbeitenden, soviel ich weiss, am Zürichberg, ich glaube an der Zürichbergstrasse selbst.»

«Woher kennst du ihn denn?», fragte Flavio zurück. «Er ist der Freund von Gian Cla Linard», antwortete Anna. «Aha, dieser Bergsteigerfreund, von dem immer wieder die Rede war», folgerte Flavio. «Nein Flavio, er ist DER Freund von Gian Cla.» Flavio schaute sie verdutzt an. «Willst du damit sagen ...» Er fuhr nicht fort. «Ja, er ist der Lebenspartner von Gian Cla Linard. Das hat bisher niemand gewusst und das hätte auch niemand wissen sollen. Er und Kathrin sind und waren immer schon nur ein pro forma Paar.» Flavio schaute sie verwundert an. «Warum das denn?» «Weil Gian Cla sich eben nicht outen will, weil er ein normaler Familienvater und Bürger sein wollte.» «Aber heute outen sich doch alle, das ist doch gar kein Problem mehr», meinte Flavio. «Bei manchen Männern eben doch, vor allem, wenn sie aus konservativen Berggegenden stammen, Söhne von dominanten Vätern sind und zwei Töchter haben.» Flavio dachte nach. «Mein Gott, was für ein schreckliches Leben, oder besser: Welche Lebenslüge.» «Bisher aber hat es für ihn eben gestimmt und Kathrin hat sich arrangiert», antwortete Anna.

«Es geht auch niemanden etwas an. Nun aber droht die ganze Sache natürlich publik zu werden durch dieses unsägliche Strafverfahren.» «Aber», meinte Flavio, «das sollte doch im Grunde genommen Gian Cla bei diesem Verfahren eher helfen. Es ist doch nicht sehr wahrscheinlich, dass ein Homosexueller, der in einer Partnerschaft mit einem Mann lebt, in einer solchen Situation eine Frau missbraucht, ja überhaupt eine Frau missbraucht.» «Da bin ich deiner Meinung», antwortete Anna, «Nur – Gian Cla hat zwei Kinder und viele werden daher meinen, dass er bisexuell ist. Kathrin hat mir jedoch glaubhaft versichert, dass Gian Cla klar und eindeutig und nur homosexuell sei. Aber das will Gian Cla in keinem Falle zum Thema machen. Ihm ist lieber, was jetzt ohnehin passiert ist, nämlich dass die Strafsache und nicht seine Homosexualität publik wird. Gemäss Kathrin hat er nie zugeben können, homosexuell zu sein. Er hat es im Grunde genommen nicht einmal sich selbst gegenüber zugegeben. Er war daher auch immer selten zu Hause. Ich glaube, dass er nur mit Jon Caprez, mit dem er übrigens seit Internatszeiten zusammen ist, darüber spricht. Sie wohnen zusammen und haben auch eine Berghütte oberhalb von Sent in einem ziemlich abgelegenen Gebiet. Kathrin ist noch nie in dieser Hütte gewesen. Sie und ihre Töchter gehen jeweils in die komfortable Ferienwohnung in der Nähe ihrer Eltern.» «Mich würde interessieren», meinte Flavio, «was Jon zu all dem meint.» «Mich auch», meinte Anna. «Ich wollte jetzt auch Jon anrufen, weil Gian Cla seit der Pressemitteilung beziehungsweise seit den Besprechungsterminen mit seinen Kollegen, ja seit all diesen unangenehmen Gesprächen überhaupt, einfach verschwunden ist. Offenbar weiss Jon auch nicht, wo er ist.»

Flavio und Anna sahen sich ratlos an. Flavio meinte schliesslich: «Das ist eine nicht ungefährliche Situation, findest du nicht?» «Ja, das finde ich auch. Ich mache mir Vorwürfe, das alles nicht vorher gemerkt zu haben. Meine Sensoren haben versagt.» «Deine Sensoren vielleicht – für einmal –, aber du, Anna, hast nicht versagt. Du musst dir sicher keine Vorwürfe machen. Zudem hast du immer wieder bemerkt, dass irgendetwas nicht stimmt. Deine Sensoren haben also angegeben. Aber es war auch nicht offensichtlich erkennbar, dass der sportliche und männliche Bergsteiger Gian Cla schwul ist.»

Anna seufzte unglücklich und wählte dann die Nummer, die sie von Kathrin bekommen hatte. Es dauerte einige Zeit, bis eine Männerstimme antwortete. «Guten Abend. Hier ist Anna Berger Conti. Ich bin die ...» «Ich weiss, wer Sie sind», unterbrach sie der Mann auf der anderen Seite der Leitung, «und wir müssen nicht lange um die Probleme herumreden. Sie möchten wissen, wo Gian Cla ist. Das möchte ich auch.» «Ich halte Gian Cla zurzeit für gefährdet», meinte Anna. «Das tue ich auch», antwortete Jon. «Ich weiss nicht, wo er ist. Ich suche ihn seit Stunden, er nimmt weder sein Mobile noch sein Praxistelefon ab. Zu Hause bei Kathrin ist er auch nicht, in der Ferienwohnung ist er nicht und in der Berghütte hat es keinen Festanschluss. Die Berghütte ist zurzeit auch sehr schwer zugänglich. Als erfahrener Bergsteiger allerdings würde Gian Cla sie sicher auch in diesem Schnee erreichen.» «Was sollen wir tun?» fragte Anna. Jon Caprez seufzte. «Es ist eine so unglaublich vertrackte Situation. Alles hätte wunderbar weitergehen können. Kathrin hatte sich arrangiert, Gian Cla ist mein Lebenspartner, wir sind schon seit Urzeiten zusammen und glücklich und dann geschieht diese unmögliche Geschichte in der Praxis!» «Grundsätzlich wäre es ja für das Verfahren eher hilfreich, wenn wir die Homosexualität von Gian Cla erwähnen könnten», meinte Anna. «Für das Verfahren vielleicht», meinte Jon, «übrigens auch nicht sicher, aber für Gian Cla wäre es die Katastrophe, die er immer befürchtet hat. Gian Cla wird sich nie outen, nie.» «Somit werde ich dem Staatsanwalt also nichts sagen?», meinte Anna. «Ich kann allerdings nicht ausschliessen, dass Kathrin etwas sagen wird. Für sie ist die Geschichte ebenso absurd wie für Gian Cla und für Sie.» Jon antwortete: «Mir wäre es völlig egal, wenn publik würde, dass Gian Cla homosexuell ist und dass wir zusammenleben. Aber ich sehe das Problem mit Kathrin und vor allem mit den Töchtern. Das allein ist es aber nicht. Gian Cla hat seine Homosexualität wohl gelebt, aber nie akzeptiert, auch nie darüber gesprochen, noch nicht mal mit mir. Und das in der heutigen Zeit!» «Mir macht Sorgen, dass er sich nicht einmal bei Ihnen meldet», meinte Anna. «Wenn ich das richtig verstanden habe, sind Sie seine Hauptbezugsperson.» «Ja, aber in dieser Sache sperrt er auch mich aus. Ich habe zurzeit keine Chance, an ihn heranzukommen.»

«Was machen wir jetzt?», fragte Anna. «Ich werde morgen früh ins Engadin reisen und versuchen, in unsere Alphütte zu kommen», antwortete Jon. «Ich kann mir vorstellen, dass er dort ist, wenn er mit seinen Gedanken allein sein will. Er liebt den Ort, einsam, weit weg von jeder anderen menschlichen Behausung. Wir haben diese Alphütte vor sieben Jahren gebaut. Sie ist wunderschön, sehr gemütlich, nur eben, im Winter schwer zugänglich und zu den Hauptschneezeiten sind wir nie dort. Es hat wohl Proviant im Haus, aber bis Gian Cla nur schon eingeheizt hat, dauert es einige Zeit.» «Versuchen Sie einfach weiter, ihn zu erreichen. Bitte halten Sie auch mich auf dem Laufenden. Ich bin über die Entwicklung der Dinge auch ziemlich perplex», teilte Anna Jon mit. Jon schwieg einen Augenblick, dann meinte er: «Anna, ich darf Sie doch so nennen, bisher waren sie ein Segen für Gian Cla und seine Familie. Was immer auch passiert jetzt, Ihr Fehler wird es nicht sein.» Anna zuckte zusammen. Sie wusste, was Jon damit sagen wollte.

Besuch bei Gian Clas Mutter

Gian Cla war nicht in der Alphütte. Vielleicht noch nicht. Er sass im gemütlich geheizten Wohnzimmer bei seiner Mutter in Scuol. Als er dort vor zwei Stunden eingetroffen war, hatte sich seine Mutter sehr gefreut, ihn aber auch etwas misstrauisch angeschaut. «Was ist los Gian Cla? Du kommst doch nie unangemeldet vorbei, und wenn, dann schon gar nicht um diese Zeit. Weiss Kathrin, dass du hier bist?» «Nein Mama, ich wollte mit dir allein reden. Ich war vorher noch bei Papa im Heim. Er hat mich nicht erkannt. Was ihn allerdings nicht daran hinderte, mich böse anzuschauen.» «Er kennt niemanden mehr, noch nicht einmal mich», antwortete Maria Linard, Gian Clas Mutter. «Aber das hindert ihn nicht daran, böse zu schauen, ja, überhaupt böse zu sein. Er war nie ein besonders netter Mann, aber jetzt ist er manchmal aussergewöhnlich aggressiv, was natürlich mit seiner Demenz zusammenhängt. Trotzdem gehe ich in der Woche mindestens ein oder zwei Male hin. Er ist doch mein Mann und er ist dein Vater.» «Aber er war weder ein guter Ehemann, noch war er ein guter Vater», meinte Gian Cla. «Vergiss nicht, was für eine harte Jugend, und was für ein hartes Leben er hatte. Am Schluss ging es uns wohl gut, aber ihm wurde gar nichts geschenkt. Er kam aus diesen armen, bäuerlichen Verhältnissen, wie du weisst. Doch dann hat er sich in der Sägerei seines Onkels hochgearbeitet und wurde zu einem der führenden Unternehmer des Unterengadins. Trotz dieser Leistung hat er immer einen Komplex behalten. Schon weil ich aus gutem Haus kam. Das musste ich mir von ihm immer vorhalten lassen. Es hat schon einen Grund, Gian Cla, warum es nicht mehr Kinder gegeben hat und dennoch: Er ist mein Ehemann. Mir ist auch völlig klar, warum du schon früh von zu Hause wegwolltest. Es war ein Segen, dass du im Internat wohnen konntest. Zuerst wollte dein Vater ja, dass du jeden Tag hin und zurück fährst, was grundsätzlich möglich gewesen wäre. Aber ihr zwei unter einem Dach – das wäre nicht gegangen. Mit dir und mit mir war er immer hart und lieblos, aber Kathrin hat er erstaunlicherweise gemocht und als ihr geheiratet habt und meine geliebten Enkelinnen kamen, hat sich die Situation wesentlich gebessert. Aber dann ist irgendwann wieder etwas passiert. Nicht mit Dumeng, mit dir Gian Cla.»

Gian Cla seufzte: «Darum bin ich ja da, Mama. Ich muss und will dir einiges erzählen. Im Grunde genommen bin ich gezwungen, dir das alles zu erzählen, denn ich hätte es dir gerne erspart.» Maria Linard seufzte tief. «Lieber Bub, glaubst du wirklich, ich hätte nicht gemerkt, was los war? Na, suotstimar ad üna mamma, impustüt na a tia mamma (Unterschätze eine Mutter nicht, vor allem deine Mutter nicht). Ich weiss doch, dass du und Jon ein Paar seid und ich weiss auch, dass deine Ehe mit Kathrin nur auf dem Papier besteht. Pluffer nu sun eu (dumm bin ich nicht). Ich bewundere Kathrin, dass sie das aushält und für die Mädchen eine Familie erhalten wollte.» «Du hast es gewusst?», stellte Gian Cla fest, ohne überrascht zu sein. «Natürlich, schon relativ bald, schon als du noch im Internat warst und jeweils in den Ferien mit Jon zu uns kamst. Natürlich war Homosexualität bei uns kein Thema, in ländlichen Gebieten ist das eh ein Tabu. Wir zwei haben darüber auch nie gesprochen, mit Kathrin allerdings konnte ich später schon darüber sprechen. Für sie war es sehr schwer. Deinem

Vater habe ich allerdings nie etwas gesagt, den Teufel hätte ich getan, ganz abgesehen davon, dass er auch nichts gemerkt hat. Er war eh nie einer, der so schnell etwas merkt. Aber ich brauchte mir gar nicht erst auszumalen, wie er reagiert hätte, wenn er es erfahren hätte. Bist du jetzt um diese Zeit, kurz vor Weihnachten zu mir gekommen, um mir das noch zu erzählen?», lächelte Maria. «Du bist doch so oder so mein Junge. Ich habe dich immer geliebt, wie du bist und tue es noch, und ich weiss doch, dass es dir schwerfällt, darüber zu reden. Also können wir's auch lassen. Ich glaube auf deine eigene Weise bist du glücklich. Mit Jon und mit Kathrin hast du offenbar irgendwie deinen Frieden gefunden.»

Plötzlich unterbrach sich Maria Linard und schaute Gian Cla erschrocken an, dem die Tränen übers Gesicht liefen. «Per l'amur da Dieu, was ist denn noch?» «Ja Mama, da hast du völlig recht, ich hätte auch jetzt nicht mit dir darüber gesprochen, wenn nicht etwas passiert wäre.» Alarmiert schaute ihn seine Mutter an. Gian Cla räusperte sich. «Ich wurde angezeigt, eine Frau nach einer Magenspiegelung in der Narkose sexuell missbraucht zu haben. Die Geschichte ist völlig absurd und ich hab's natürlich nicht getan. Aber es ist ein Strafverfahren im Gange und heute kamen die ersten Schlagzeilen im «Zürich heute», zum Glück ohne Namensnennung. Ich denke, diese Nachrichten werden bis hierhin kommen. Ich wollte es dir sagen, damit du es von mir erfährst. So wie es aussieht, kann ich diese Geschichte nicht aus der Welt schaffen. Ich habe nichts, aber auch gar nichts Schändliches oder Strafbares getan. Aber durch diese Anzeige fällt meine ganze Welt in sich zusammen. Vielleicht wird das Verfahren eingestellt. So wie es aussieht sogar mit einiger Wahrscheinlichkeit, meint meine Anwältin. Und doch wird nie jemand vergessen, dass diese Geschichte mal in der Zeitung stand. Wahrscheinlich werden auch meine Homosexualität und meine Beziehung zu Jon ans Licht kommen. Ich denke, es sind schon einige Pressedetektive hinter mir her. Es macht mich kaputt, daran zu denken, dass Seraina und Ladina mit diesem Schmutz konfrontiert werden. Ich fühle mich so schuldig. Auch Kathrin und Jon gegenüber fühle ich mich schuldig und ich sehe keinen Ausweg Mama.» Maria Linard nahm Gian Cla in den Arm, was eine ziemliche Streckübung war, bei dieser kleinen zierlichen Frau und diesem grossen kräftigen Mann. Sie schwiegen. Sie schwiegen lange. Maria liess ihn weinen. Irgendwann sagte sie, «Schau Gian Cla, ich mache jetzt etwas zum Abendessen und wir überlegen, ob es nicht doch irgendwie einen gangbaren Weg gibt. Tü restast meis mat, Gian Cla (Du bleibst mein Junge, Gian Cla). Und jetzt lass mich Kathrin anrufen, um ihr mitzuteilen, dass du bei mir bist.» «Nein, das will ich nicht, weil dann kommt sie sofort hierher und Jon hinterher, nein, ich möchte mit dir allein sein, nichts anderes.» «Soll ich deine Anwältin anrufen?», fragte Maria.

Sorgen und Pläne

Es war Gian Cla, der Anna schliesslich anrief. Sie nahm schon beim ersten Klingeln ab. Als sie seine Stimme hörte, schien sie erleichtert. «Ach Gian Cla, wir haben Sie überall gesucht.» «Ich weiss», antwortete Gian Cla. «Aber ich muss jetzt einfach allein sein. So schnell wird wohl nichts passieren, jedenfalls nichts, wo ich unbedingt dabei sein muss. Die Praxis ist geschlossen, es ist bald Weihnachten, somit sehe ich keine Probleme, mich zurückzuziehen. Bitte Anna, rufen Sie Kathrin an und teilen Sie ihr mit, dass ich wohlauf bin und eben einfach etwas allein sein muss. Ich habe so vieles zum Nachdenken. Und wenn Sie mir noch den Gefallen machen wollen, auch Jon anzurufen. Sie wissen mittlerweile ja, wer Jon ist. Auch er soll mich nicht suchen. Sie sollen mich beide allein lassen.» «Das wird nicht einfach zu vermitteln sein, Gian Cla», antwortete Anna. «Ich weiss, aber es muss jetzt halt sein. Ich habe die Schlagzeile heute Morgen gesehen, wahrscheinlich könnte es noch schlimmer sein. Dennoch so was über sich selbst zu lesen, das ist schon, wie sagen meine Töchter, «der Hammer». Dann habe ich Ihnen noch nicht von meinen Gesprächen mit all meinen Kollegen erzählt. Es gibt wenig Deprimierendes als mitteilen zu müssen, dass man aufgrund eines Sexualdeliktes in ein Strafverfahren geraten ist. Mittlerweilen wissen Sie auch, wie völlig abwegig der strafrechtliche Vorwurf ist, aber ich konnte doch dem Staatsanwalt Fried nicht einfach sagen, ich bin schwul und interessiere mich nicht für Frauen.» «Na ja, warum nicht?», meinte

Anna pragmatisch, «es wäre vielleicht hilfreich für das Verfahren. Indessen habe ich mittlerweile auch begriffen, dass Sie sich diesbezüglich keinesfalls outen wollen. Ich kann beides verstehen, aber offen gesagt Gian Cla, ich weiss jetzt nicht so recht, was ich tun soll. Heute Morgen habe ich von Staatsanwalt Fried einen Brief bekommen, in dem er allen Parteien mitteilt, dass er das Verfahren einzustellen gedenkt. Sowohl Ihnen als auch der Geschädigten läuft eine Frist von zehn Tagen, um dazu Stellung zu nehmen und noch weitere Beweisanträge zu stellen. Ich denke, vor dem nächsten Jahr wird Fried nicht mehr tätig werden, sodass Sie zusammen mit Ihrer Familie die Festtage feiern könnten, wenigstens ein paar Stunden davon.» «Anna, es wird Sie nicht wundern, dass mir überhaupt nicht zum Feiern ist. Ich fühle mich so wahnsinnig schlecht, Kathrin gegenüber, meinen Töchtern gegenüber, Jon gegenüber, und ja, auch Ihnen gegenüber. Ich wollte mein Leben so weiterleben, wie es war, und jetzt werde ich quasi mit Gewalt daraus herausgerissen.» «Wo sind Sie zurzeit?» «Gerade das möchte ich Ihnen nicht sagen Anna, obwohl ich weiss, dass Sie es nicht herumerzählen werden. Ich weiss auch, dass wir nochmal zusammen reden müssen, wobei, was es zum Fall zu sagen gibt, wurde gesagt, daran hat sich gar nichts geändert. Geändert hat sich nur, dass der renommierte Gastroenterologe schwul ist, was niemand wusste. Doch das hat mit dem Verfahren nichts zu tun. Und doch.»

«Sobald die Einstellungsverfügung eintrifft», erklärte Anna, läuft eine Anfechtungsfrist von zehn Tagen, und ich gehe nicht unbedingt davon aus, dass Frau Pfister beziehungsweise ihre Anwältin die Einstellung anfechten wird. Doch vorbereiten müssen wir uns für alle Eventualitäten. Sagen Sie mir einfach, wenn Sie sich wieder fit genug fühlen Gian Cla. Sie können mich jederzeit erreichen. Und seien Sie nicht so pessimistisch, ich habe schon viel hoffnungslose Fälle erlebt. Bis jetzt läuft es rechtlich gesehen doch gut. Melden Sie sich bitte ab und zu, sagen wir mal alle zwei Tage, damit ich die Menschen, die Sie lieben, auch beruhigen kann.» «So habe ich es ja noch gar nie gesehen», antwortete Gian Cla, «aber danke Anna, Sie haben natürlich recht.»

Als Gian Cla aufgehängt hatte, fragte seine Mutter: «Bleibst du bei mir? Du hast immer noch dein Zimmer hier im Haus.» «Ja, diese Nacht würde ich gerne hierbleiben, morgen allerdings möchte ich hinauf zur Berghütte.» «Bei diesem Wetter?» fragte Maria Linard. «Du weisst Mama, ich bin ein sicherer Berg- und Schneegänger. Da komme ich problemlos rauf, auch bei viel Schnee.» «Darf ich sagen, dass du dort bist, wenn mich jemand anruft?» «Nein, Mama, ich will allein sein, das habe ich auch meiner Anwältin gesagt. Ich muss irgendwie selbst einen Weg aus dieser vertrackten Situation finden.» «Und wie soll dieser Weg aussehen, Gian Cla?», fragte Maria Linard und schaute ihn mit ihren klugen Augen an. Gian Cla schwieg. Sie schwiegen beide. «Du kannst auch nach Weihnachten noch in die Hütte gehen. Feiere doch noch mal mit den Mädchen – und mit mir, bitte.» Gian Cla furchte die Stirn, ein Zeichen dafür, dass er überlegte.

In der Zwischenzeit hatte Anna sowohl Kathrin wie Jon darüber informiert, dass es Gian Cla gut gehe und dass er für die nächsten Tage einfach allein sein wolle. Sie habe ihm versprechen müssen, dass sie niemandem sage, wo er ist – sie wisse es auch selbst gar nicht – und dass niemand ihn suchen soll. «Vielleicht ist er bei seiner Mutter», mutmasste Kathrin. «Nun ich werde morgen eh wieder zurück ins Engadin fahren. Meine Töchter erwarten mich und ich weiss nicht, was ich ihnen sagen soll.» «Und ich weiss nicht, was ich dir raten kann», antwortete Anna.

Am nächsten Morgen beim Frühstück teilte ihr Sandra mit, dass die Linard Mädchen sie gefragt hätten, ob sie und Mirjam nach Weihnachten nicht zu ihnen ins Engadin kommen wollten. Die Schneeverhältnisse seien so gut und es würde sie sicher auch ablenken, wenn sie zusammen Ski fahren und etwas das Après-Ski geniessen könnten. Anna schaute Flavio an. «Ich weiss nicht», meinte sie, «die Situation in der Familie Linard ist zurzeit ausserordentlich schwierig und ich möchte nicht, dass ihr in dieses spannungsgeladene Umfeld kommt. Ich kann es euch nicht verbieten, wenn ihr denn unbedingt wollt. Aber eigentlich sollte die Familie Linard nun Zeit für sich haben. Kathrin steht sehr unter Druck, vor allem nach diesen vermaledeiten Zeitungsartikeln.» «Aber gerade deshalb könnten wir sie doch etwas aufheitern», meinten Sandra und Mirjam. Anna schaute Flavio besorgt an. Flavio meinte daraufhin: «Schaut Kinder, wenn ihr nach Weihnachten rauf gehen wollt, dann käme ich allenfalls mit. Ich muss ja nicht in der Linard'schen Wohnung wohnen, aber ich möchte anwesend sein, wenn irgendwas passiert.» «Ja, was könnte denn so Schlimmes passieren, was nicht schon passiert ist?», fragte Sandra. «Das weiss man nie in einer so schwierigen Situation», antwortete Anna, «und das kann ich dir auch nicht erklären. Ich habe schlicht kein gutes Gefühl.» Anna hasste es, wenn die Probleme anderer so grossen Einfluss auf ihr Familienleben nahmen.

«Schaut», meinte sie, «feiern wir in drei Tagen zuerst mal Weihnachten und versuchen wir, die Probleme etwas zu vergessen. Geniessen wir die Zeit zusammen mit Oma, Opa, Nonna und Nonno, die sich ja alle angekündigt haben. Wir werden viel zu tun haben mit Kochen und Backen und das ist wahrscheinlich zurzeit auch die beste Ablenkung.»

Ein einsamer Spaziergang

Am nächsten Tag, es war der Mittwoch vor Weihnachten, spazierte Gian Cla durch Scuol und besuchte die Orte seiner Kindheit. Er hatte eine Roger Staub-Mütze über den Kopf gezogen, weil er nicht von jedem erkannt werden wollte, denn, das war ihm klar, die Schlagzeilen waren mittlerweile auch in Scuol angekommen, wobei er nicht glaubte, dass alle schon wussten, dass es sich bei dem Gastroenterologen L um ihn handelte. Es hatte nicht in der Zeitung gestanden, dass L Bündner war. Gian Cla besuchte die Primarschule seiner Kindheit, spazierte durchs Unterdorf über die alte Holzbrücke und ging auf dem Rückweg über die Gurlaina Brücke zurück. Wie oft war er als Kind über die Gurlaina Brücke gegangen und hatte mit Schaudern in die Schlucht mit dem reissenden Fluss Inn geschaut. Das Geländer schien ihm noch tiefer als damals und er wusste, dass auch schon etliche Verzweifelte von dieser Brücke gesprungen waren. Mittlerweile konnte er eine solche Verzweiflung nachvollziehen. Von der Gurlaina Brücke aber, der Brücke seiner Kindheit, würde er nicht springen. Er wollte sie nicht entweihen. Dennoch schaute er eine ganze Weile in die Tiefe. Ihm schauderte. Wer hatte doch gesagt, «Wenn du lange in einen Abgrund schaust, blickt der Abgrund auch in dich hinein?» Ein düsterer Spruch. Er wusste um den Abgrund in ihm.

Als er das ganze Dorf durchwandert hatte, ging er zurück zum Haus seiner Mutter ins Oberdorf. Er war zwei Stunden unterwegs gewesen. Vieles hatte sich seit seiner Kindheit verändert. Viel war dazu gebaut worden und doch war der authentische Charme des alten Dorfteils noch immer vorhanden. Als er im Internat in Zuoz gewesen war, waren die meisten seiner Kollegen aus dem Oberengadin oder aus dem Ausland gekommen. Die Oberengadiner schauten immer etwas auf die Unterengadiner herab. Gian Cla lächelte. Doch, doch, das Oberengadin war landschaftlich wunderschön, aber nie so schön wie das ursprünglichere Unterengadin – fand er jedenfalls. Es hatte im Oberengadin sehr viel mehr Touristen, auch heute noch, und das durfte für ihn so bleiben. Als er zurück war und sich mit seiner Mutter gerade zu einem frühen Abendessen hinsetzten wollte, ging der Klopfer an der breiten Engadinertüre. Maria Linard schaute Gian Cla an. «Erwartest du jemanden?» «Nein, ich habe niemandem gesagt, dass ich bei dir bin, nicht einmal Anna.» «Nun, es könnte auch unschwer jemand erraten haben, meinst du nicht?», lächelt Maria Linard. «Das ist schon möglich», meinte Gian Cla, «gehst du mal aufmachen.» Maria Linard ging, noch erstaunlich behände für eine Frau ihres Alters, an die Türe und öffnete sie. Gian Cla hörte sofort die Stimme von Jon. Natürlich hatte Jon erraten, dass er bei seiner Mutter war. Wie auch nicht. Damit hatte er ihn und seine Mutter in eine schwierige Situation gebracht.

Gian Cla ging auch an die Türe. «Jon», sagte er, «Anna hat dir sicher gesagt, dass ich allein sein will. Ich muss irgendwie versuchen, wieder zu mir zu kommen. Ich bin völlig aus dem Lot. Ich brauchte Zeit zum Nachdenken.» «Das können wir vielleicht auch zu zweit», meinte Jon. «Seit über 30 Jahren denken wir immer zu zweit nach und so schlecht ist es nie rausgekommen. Ich möchte nicht, dass du gerade jetzt allein bist.» «Wie du siehst», sagte Gian Cla, «bin ich nicht allein, ich habe einiges mit meiner Mutter zu besprechen. Bitte akzeptier das.

Wir werden noch genug Zeit haben, miteinander zu reden.» «Wirfst du mich raus?» fragte Jon. «So kannst du es wohl nicht nennen, aber hier im Hause meiner Kindheit können wir eh nicht über das reden, was uns derzeit beschäftigt.» «Dann komm zurück nach Zürich oder wir gehen in ein schönes Hotel im Oberengadin», meinte Jon. Gian Cla sah ihn entgeistert an. «Jon, sonst bist du doch einfühlsamer. Lass mich jetzt einfach ein paar Tage in Ruhe. Wenn möglich, werde ich noch mit Kathrin und den Mädchen so etwas wie Weihnachten feiern. Dann sehen wir weiter.»

Jon schien verletzt. «Haben wir jetzt auch ein Problem?», fragte er. «Nicht wir haben ein Problem Jon, ich habe ein Problem und was für eines. Siehst du das denn nicht?» «Nun lass dir doch helfen, verdammt noch mal Gian Cla.» «Mir ist nicht zu helfen Jon, ich muss das Strafverfahren abwarten und hoffen, dass es keine Weiterungen erfährt und sonst werde ich durch einen Prozess gejagt und spätestens dann wird unsere Beziehung publik werden, wenn sie es nicht schon ist.» «Na und?», meinte Jon nun ebenfalls erregt. «Wir kennen uns ja seit 35 Jahren, so eine wahnsinnige Sensation ist das wohl auch nicht mehr in der heutigen Zeit!» «Vergiss meine Töchter nicht, Jon, und vergiss nicht den Ort, von dem ich herkomme. Ich habe das alles nicht gesucht und es ist verdammtes Pech, das mir das passiert ist, aber ganz offensichtlich kann ich mich dem nicht entziehen, nicht mal kurzfristig, jetzt zum Beispiel.» «Dann lass mich wenigstens bis Weihnachten bei dir bleiben, danach kannst du so lange mit deiner Familie zusammenbleiben, wie du willst. Ich möchte dich jetzt einfach nicht allein lassen.» «Ich will aber allein gelassen werden.» Gian Cla gab Jon einen heftigen Kuss auf den Mund, etwas was er zuvor in Gegenwart Dritter nie getan hätte, drehte sich um, ging die

Treppe hinauf in sein ehemaliges Kinderzimmer, schlug die Türe mit Wucht zu und schloss ab. Maria Linard, die mit sorgenvollem Gesicht die Auseinandersetzung verfolgt hatte, sagte bedrückt, «Schau Jon, lass es jetzt für den Augenblick gut sein. Ich bin doch bei ihm und wenn ich das Gefühl habe, dass er Unterstützung braucht oder dass er sich selbst gefährdet, dann werde ich es dir mitteilen. Aber ich glaube, wir müssen akzeptieren, dass er jetzt allein sein will. Bitte Jon.» Jon umarmte die alte Dame, bevor er ging. «Dieu at perchüra, Jon (Gott behüte dich, Jon)», sagte Maria und küsste ihn auf die Stirn.

Jons Geschichte

Vor der Türe blieb Jon zuerst ratlos stehen und setzte sich dann auf die alte Holzbank vor dem Linard'schen Haus. Er spürte die eisige Dezemberkälte nicht. Was ihn erstarren liess, war die Kälte von innen. Jon wusste, er hatte vielleicht soeben das Ende einer Beziehung erlebt, die für ihn ein Leben lang hätte dauern sollen. Eine Beziehung, die er bereits im Alter von 15 Jahren eingegangen war. Gian Cla war seine grosse Liebe, der Mann seines Lebens. Er konnte sich ein Leben ohne ihn schlicht nicht vorstellen, auch wenn das Leben mit ihm zeitweise quälend gewesen war. Gian Cla war nicht nur nie zu seiner Homosexualität gestanden, er war auch nie zu Jon gestanden. Im Zweifelsfalle gingen seine Familie, vor allem seine Töchter, ja aber auch sein Beruf und seine Karriere vor. Auch wenn Gian Cla in den letzten fünfzehn Jahren meistens bei ihm gewohnt hatte, so hatte er doch nicht wirklich mit ihm zusammengelebt. Jon war seine Auffangstation, sein emotionales Kissen, der Ort für Wärme, Zärtlichkeit und Lust. Aber wie sich Jon selbst fühlte bei diesem von Gian Cla erzwungenen Arrangement, interessierte ihn ebenso wenig wie Kathrins Gefühle.

Sie waren beide sehr jung gewesen, als ihre Freundschaft begann. Zuerst war es einfach eine intensive Freundschaft zwischen zwei Jugendlichen gewesen, meinten sie jedenfalls. Als sie sich im Internat in Zuoz kennenlernten, war Gian Cla ein interner und Jon ein externer Schüler gewesen. Jons Eltern wohnten in der Nähe von Zuoz, während Gian Cla anfänglich jeden Tag von Scuol nach Zuoz gefahren war, was mit der Zeit doch sehr beschwerlich wurde. Zudem verstand sich Gian Cla mit seinem dominanten Vater überhaupt nicht und war sehr glücklich, dass er im Internat wohnen konnte. Wann hatte die Freundschaft genau begonnen, wann die Liebe? Die zwei Jungs verstanden sich von Anfang an grossartig, erkundeten zusammen die wilde Natur des Oberengadins und fingen mit Bergsteigen an. Die Ausschliesslichkeit ihrer Freundschaft wurde von den Mitschülern wohl bemerkt, aber nicht kommentiert. Es war die Freundschaft zweier sportlicher, junger Männer und das Thema Homosexualität war damals noch viel weniger ein Diskussionsthema als heute. Sie sahen sich damals selbst nicht als Homosexuelle, obwohl Jon früh bemerkte, dass er sich nur für Männer und nicht für Frauen interessierte. Seine ersten romantischen Träume gingen immer nur um Männer und dann vor allem um Gian Cla.

Bei Gian Cla schien dies anfänglich anders zu sein. Gross, attraktiv und sportlich, wie er war, zog er die Blicke vieler Frauen auf sich. Es waren immer die hübschesten Mädchen, die sich an Tanzabenden Gian Cla annäherten und die Kollegen des Internats waren voller Neid. Was sie nicht bemerkten oder nicht zu bemerken schienen, war, dass Gian Cla kaum auf diese weiblichen Avancen reagierte, schon damals nicht. Lieber sass er zusammen mit seinen Kollegen zusammen, trank sein Bier und half, den Grill zu bedienen. Die Internatszeit war eine schöne Zeit gewesen. Was genau in Gian Cla vorging, war Jon damals wie heute nie klar gewesen. Oft begleitete er Gian Cla an den Wochenenden auch nach Scuol, wo er bei ihm zu Hause wohnen durfte, trotz des mürrischen Vaters. Letzterer wurde allerdings ausgeglichen durch die sehr herzliche Mutter, die die beiden Jungen hingebungsvoll verwöhnte. An diesen Wochenenden lernten sie auch das Unterengadin kennen und auch die Unterengadiner Berggipfel. Jon, Sohn reicher Oberengadiner Eltern, war ebenfalls sehr angetan vom wesentlich bescheideneren, aber ursprünglicheren Unterengadin. Er betonte Gian Cla gegenüber mehrmals, dass er gerne hier leben würde. Er wolle Architektur studieren und er könne sich vorstellen, dass er als Architekt im ganzen Engadin gute Chancen haben würde. Das Oberengadin sei wohl schon ziemlich beackert, aber das Unterengadin hatte sich als touristischer Anziehungspunkt auch ganz schön entwickelt, was sich daran zeigte, dass in den letzten Jahren vermehrt Ferienhäuser und Ferienwohnungen entstanden waren. Gian Cla fand das eine gute Idee – für Jon. Er selbst könne unmöglich als Spezialist für Chirurgie im Unterengadin, ja im Engadin überhaupt, arbeiten. Gian Cla wollte Medizin studieren und dann Chirurg oder Onkologe werden. Sie studierten schliesslich beide in Zürich und wohnten schon bald zusammen. Jons Eltern finanzierten ihrem Sohn eine für Studenten luxuriöse Studentenwohnung mit drei Zimmern. Das Studium nahm beide so in Anspruch, dass sie kaum je an Partys, oder wie es später hiess, Events gingen.

Es dauerte einige Jahre, bis Jon bemerkte, dass Gian Cla durchaus homosexuellen Aktivitäten zugänglich war. Zuerst allerdings nicht mit ihm, was ihn sehr verletzte. Gian Cla war mit seinen Gelegenheitsfreunden diskret und immerhin so rücksichtsvoll, sie nicht mit in die gemeinsame Wohnung zu nehmen. Jons Versuche, ihm näher zu kommen, waren anfänglich nicht sehr erfolgreich. Gian Cla meinte, «schau Jon, du bist mein bester Freund und zwischen besten Freunden gibt es keine Leidenschaft». Jon war für mehrere Wochen am Boden zerstört. In der Zwischenzeit schlossen sie beide ihre Studiengänge erfolgreich ab. Jon bekam eine gute Anstellung in einem der führenden Architekturbüros in Zürich, während sich Gian Cla auf dem Weg zur Ausbildung zum Spezialisten für Gastroenterologie machte. Dafür absolvierte er verschiedene Praktika, eines in Amerika, wo ihn Jon zweimal besuchte. Als Gian Cla zurückkam, sprachen sie beide davon, sich selbständig zu machen. Sie waren Anfang 30, Gian Cla stand kurz vor seinem Facharzttitel und Jon konnte schon mehrere erfolgreiche Architekturprojekte auf seinem Lebenslauf vorweisen.

In dieser Zeit lernte Gian Cla an einem Sommerfest in Scuol Kathrin kennen. Kathrin Heinrich war nicht im Engadin aufgewachsen, hatte aber Engadiner Wurzeln und verbrachte jeden Sommer bei ihren Grosseltern in Ftan. Jon konnte nicht verstehen, dass Gian Cla anfing, mit Kathrin «zu gehen». Es war die erste Frau, für die er sich zu interessieren schien. Kathrin war so verliebt, dass sie einiges nicht bemerkt hatte. Sie war das, was man eine seriöse, junge Frau nennen konnte, sehr hübsch, etwas androgyn, liebenswürdig und in ihrem Beruf als Mittelschullehrerin erfolgreich. Als Gian Cla Jon mitteilte, dass er Kathrin zu heiraten gedenke, kam es zum ersten von Jon provozierten oder vielmehr riskierten Streit. «Du darfst doch als «Schwuler» keine Frau heiraten, was tust du ihr damit an, was tust du mir damit an, du weisst doch selbst, dass du dich nicht für Frauen interessierst. Was für ein Leben willst du führen?» Und so ging es viele Gespräche lang weiter. Gian Cla antwortete karg: «Nun, dir tue ich wohl nichts an. Es wäre doch viel schlimmer, wenn ich mich mit einem anderen Mann zusammentun würde. Du weisst doch selbst, dass Kathrin die erste und einzige Frau ist, für die ich mich interessiere und es ist nicht anzunehmen, dass ich mich je wieder für eine andere interessieren werde. Ich habe Kathrin sehr gern.

Ich möchte ein bürgerliches Leben führen. So wurde ich erzogen, so wird es von mir erwartet, von meiner Familie, von meiner Verwandtschaft und letztlich auch von der Gesellschaft. Ich kann nicht offen in einer homosexuellen Beziehung leben. Ich kann das nicht und ich will es auch nicht. Das hast du doch gewusst und ich habe dir nie etwas versprochen. Ich möchte nicht immer diese hämischen Bemerkungen gegen Schwule hören. Ich möchte in meinem Beruf Erfolg haben, angesehen sein, ein wertvolles Mitglied dieser Gesellschaft, das wollte ich immer schon – und vor allem möchte ich eine Familie und Kinder haben! Das hat doch im Grunde genommen mit dir, Jon, gar nichts zu tun. Du bleibst mein bester Freund und wirst es immer sein.»

Es war die Zeit, in der sich Jon für einige Jahre zurückzog. Er gründete sein eigenes Architekturbüro an der Zürichbergstrasse in Zürich und schon bald war er ein viel gesuchter und erfolgreicher Architekt. Der Ausdruck «Caprez'sche Villa» erschien immer öfter in Architekturzeitschriften. Der grosse berufliche Erfolg und der damit verbundene finanzielle Aufstieg konnte Jon jedoch nicht über den Verlust von Gian Cla hinwegtrösten. Einige Male ging er andere Beziehungen ein, um in der Regel gleich festzustellen, dass es nicht funktionierte. Er selbst bezog am Zürichberg eine dieser berühmten Caprez'schen Villen, sehr luxuriös, wenn auch nicht ganz so gross wie die anderen, und hätte ein wunderbares Leben haben können, hätte, wenn …

In der Zwischenzeit hatte Gian Cla geheiratet. Jon war nicht zur Hochzeit eingeladen worden, was wahrscheinlich auch klüger war. Er hörte immer mal wieder von Gian Cla, der sich in einer Gastropraxis an der Forchstrasse eingemietet hatte, mit den Jahren Belegarzt an verschiedener Privatspitälern wurde und sich ebenfalls eines grossen beruflichen Erfolges erfreute. Er engagierte sich in der Ärztepolitik und wurde von der bürgerlichen Zukunftspartei angefragt, ob er sich nicht quasi als Zugpferd für die Partei politisch engagieren wolle. Bürgerlich war Gian Cla, wie er Jon gegenüber schon mehrmals betont hatte. Gian Cla wurde ziemlich schnell Vater zweier Töchter. Jon fragte sich, wie das wohl geschehen war, und wenn er jeweils mit Gian Cla kurz Kontakt hatte, bemerkte er eifersüchtig, wie sehr Gian Cla an seinen Mädchen hing. Jon war frustriert und abgestossen von diesem «bürgerlichen» Leben. Er hielt es für eine unerträgliche Heuchelei von Gian Cla. Es fehlte nur noch, dass Gian Cla Kirchenpflegepräsident werden würde.

Von Kathrin sprach Gian Cla nie. Nach ungefähr fünf Jahren Ehe, so genau wusste Jon es nicht mehr, erschien Gian Cla eines Abends bei ihm in seinem Haus am Zürichberg. Gian Cla war begeistert von dem modernen, funktionellen Haus, das Licht, Luft und Freiheit ausstrahlte. Eine Freiheit, die Gian Cla und das andere Ich von Gian Cla, sehr vermisste. An diesem Abend übernachtete er auch bei ihm – und blieb. Es war, als hätte sich ihre Beziehung nie geändert. Gian Cla beklagte sich nie über Kathrin, wohl aber über die Situation, dass er unterschätzt hatte, was eine Ehe für ihn bedeuten würde. Kathrin hatte in der Zwischenzeit realisiert, dass Gian Cla homosexuell war, und nach vielen quälenden Diskussionen waren sie zum Schluss gekommen, dass sie sich nicht scheiden lassen wollten, damit die Mädchen eine Familie hätten, jedenfalls solange sie Kinder waren. Gian Cla und Kathrin beschlossen, künftig pro forma zusammenzuleben. Jeder würde seine, wenn auch diskrete, Freiheit haben. Heute wusste Jon, dass Kathrin mit dieser Vereinbarung alles andere als glücklich war. Trotz allem liebte sie Gian Cla und es war ja nicht etwa so, dass Gian Cla sie nicht liebte, nur eben nicht so, wie man eine Frau lieben sollte. Die Rollen hatten sich gekehrt. Nun war Jon die Beziehung von Gian Cla und Kathrin seine beste Freundin, für die er eben keine Leidenschaft aufbringen konnte. Was für ein Irrwitz. Jon als Bergsteigerkollege war die bestmögliche Tarnung für Gian Clas Homosexualität. Gian Cla und Kathrin hatten keine gemeinsamen Freunde. Sie wollten nicht, dass jemand die wahre Realität ihrer Beziehung erahnen konnte. Probleme schien das schon zu geben, doch Gian Cla sprach nicht viel darüber. Am meisten litt er, als seine mittlerweile erwachsen werdenden Töchter begannen, Fragen zu stellen.

Auch Jon und Gian Cla hatten keine gemeinsamen Freunde. Das wäre gefährlich gewesen und hätte zu Klatsch führen können. Gian Cla versuchte eine absolute Trennung zwischen seiner Familie und Jon. Jon litt darunter. Er hätte Gian Clas Töchter sehr gerne kennengelernt, sah aber ein, dass dies bei ihrem Arrangement nicht möglich war. Trotz des Doppellebens mit der Heimlichkeit und den damit verbundenen vielen persönlichen Verletzungen, waren die letzten zehn Jahre die schönsten in Jons Leben gewesen. Er war sich seiner Beziehung zu Gian Cla nun sicher und wusste auch, dass sie unter diesen Bedingungen ewig funktionieren konnte. Sie waren beide nicht besonders promiskuitiv veranlagt, liebten das gute Leben – und das Leben war gut! Sie hatten gemeinsame Hobbys wie Bergsteigen, Schneewandern, Skifahren, Reisen und, was für Jon besonders wichtig war, sie teilten zumindest für die Hälfte der Zeit ein Ehebett. Mehr konnte er wohl nicht erwarten von seinem Leben und schon gar nicht von seiner Beziehung zu Gian Cla.

Jon stand auf. Er war so verfroren, dass er sich am Anfang kaum bewegen konnte. Auf dem Weg zur Wohnung seiner Eltern, immerhin nochmal eine halbe Stunde von Scuol entfernt, überfiel es Jon immer wieder in fiebrigen Wellen: Es war vorbei. Es konnte nicht mehr gut werden, nicht so, wie sich die Geschichte entwickelt hatte. Von dieser Seite hatte er nie Gefahr gewittert und Gian Cla auch nicht. Natürlich würde sich der Rechtsfall irgendwie lösen und wahrscheinlich wäre es sogar am besten, so wie er es mit Kathrin besprochen hatte, wenn man den Staatsanwalt über die Homosexualität Gian Clas informieren würde. Aber dann würde diese Tatsache wahrscheinlich nicht unbekannt bleiben, was Gian Cla am meisten fürchtete. Wie er es auch drehte und wendete, es würde nicht mehr gut werden.

Maria Linards Geschichte

Als Jon gegangen war, setzte sich Maria Linard nachdenklich an den Kamin. Sie hatte vorausgesehen, dass es eines Tages Probleme geben würde, aber natürlich nicht auf diese Art. Sie war immer davon ausgegangen, dass Kathrin sich aus dieser pro forma Ehe lösen und – nachdem die Mädchen erwachsen geworden waren – die Scheidung einreichen würde. Sie liebte Kathrin, hatte sie immer dafür bewundert, dass sie in dieser Situation ausharrte, um ihren Töchtern eine normale Familie bieten zu können. So ermöglichte sie Gian Cla auch eine gute Beziehung zu seinen beiden Töchtern. Eine normale Familie war es aber dennoch nicht gewesen. Zudem wusste Maria Linard, dass Kathrin Gian Cla liebte, aller Widrigkeiten zum Trotz. Natürlich, Gian Cla liebte Kathrin auf seine Art auch. Das war ihr schon lange bewusst. Das einzig Gute an diesem grundsätzlich unmöglichen Arrangement war, dass aus der Verbindung von Gian Cla mit Kathrin zwei so wunderbare Töchter hervorgegangen waren. Was wäre ihr Leben ohne diese Enkelinnen, die sie jährlich mehrmals besuchten und ihre Einsamkeit durchbrachen?

Denn einsam war Maria Linard schon lange. Sie war die ganze Ehe lang einsam gewesen. Als sie Dumeng Linard kennengelernt hatte, war er ein grosser, attraktiver, tatkräftiger Mann gewesen, selbstbewusster als die meisten, die sie kannte. Nicht so geschniegelt wie ihre Bekannten aus dem sogenannten Oberengadiner Adel, ein direkter, ehrlicher und aufrechter

Mann. Dafür hielt sie ihn jedenfalls – und in diesen Mann hatte sie sich Hals über Kopf verliebt. Dass er ihr weder von Herkunft noch von Bildung her entsprach, war ihr damals völlig egal. Sie wollte Dumeng Linard haben, auch gegen den Widerstand ihrer Eltern. Als sie heirateten, hatte Dumeng schon ein ganz ordentliches Vermögen, das er im Schreinerei-Betrieb seines Vaters erwirtschaftet hatte. Diesen Betrieb würde er eines Tages übernehmen, für das Leben war sicher gesorgt. Schon bald bezogen sie das schöne, alte Engadinerhaus in Scuol und zwei Jahre nach der Eheschliessung kam Gian Cla zur Welt. Bereits zu diesem Zeitpunkt hatte Maria erkannt, dass sie das eindrückliche Selbstbewusstsein ihres Mannes falsch gedeutet hatte. Dumeng war ein dominanter, zeitweise rücksichtsloser Zeitgenosse, der tat, was er für richtig hielt, dem die Menschen um ihn herum egal waren, letztlich auch seine Frau und sein Sohn. Das Leben mit ihm war alles andere als einfach gewesen und mehrmals hatte Maria daran gedacht, ihn zu verlassen. Nur, zu dieser Zeit tat man das einfach nicht, und irgendwie wollte sie ihren Eltern auch nicht recht geben, ihnen den Triumph des Rechthabens nicht lassen. Das alles war lange her.

Die einzige grosse Freude in ihrem Eheleben war Gian Cla, ein schöner, kräftiger Junge, der aber sonst seinem Vater kaum ähnlichsah. Meinte sie wenigstens. Heute sah sie, dass auch Gian Cla einen Mangel an Empathie hatte und ziemlich rücksichtslos sein Leben lebte. Als Kind war er eher schüchtern und recht unnahbar gewesen. Das hatte ihr schon früh Sorgen bereitet und natürlich war Dumeng mit diesem schüchternen Sohn überhaupt nicht glücklich gewesen. Wie oft musste sie eingreifen, wenn er Gian Cla schikanierte, und es war ja auch nicht überraschend gewesen, dass Gian Cla das Haus so früh wie möglich verlassen wollte und schliesslich in Zuoz als interner Schüler angemeldet wurde. Sie hatte das durchgesetzt. Sie hatte erkannt, dass sie Vater und Sohn trennen musste.

Maria schloss die Augen und liess diese Zeit Revue passieren. Es waren so schwierige Jahre gewesen, immer hatte sie Angst gehabt um Gian Cla und diese Angst hatte sich wohl auch irgendwie übertragen. Gian Cla hatte auch immer Angst vor seinem Vater gehabt, wahrscheinlich noch bis ins Erwachsenenalter. Er besuchte sie vor allem, wenn er wusste, dass der Vater nicht zu Hause war. Maria wusste aber, dass er an ihr sehr hing, das hatte sich auch heute gezeigt. Trotzdem, er hatte mit ihr nie über seine Homosexualität gesprochen, ihres Wissens hatte er überhaupt nie mit jemandem darüber gesprochen. Sie hatte ihn mehrmals darauf aufmerksam gemacht, dass es nicht gerade klug wäre, Kathrin zu heiraten, ja, dass es sogar in einem hohen Masse unfair sei. Gian Cla wehrte ab und meinte, er wolle nun mal eine Familie und er wisse nicht, was sie das angehe. Maria mochte Kathrin, aber sie befürchtete, dass es so herauskommen würde, wie es jetzt eben herausgekommen war. Durch die Heirat und Vaterschaft allein würde sich Gian Clas Veranlagung nicht verändern. Sie hatte mehrmals mit Kathrin darüber gesprochen und erfahren, dass Gian Cla auch mit ihr kaum je über seine Homosexualität sprach. Er befürchtete vor allem, dass seine Töchter davon erfahren könnten, denn die einzig grosse Liebe in seinem Leben waren seine Töchter, das war nicht Jon, das waren auch nicht andere Männer.

Maria mochte Jon. Sie hatte ihn schon als jungen Schüler kennengelernt, doch bald festgestellt, dass die Freundschaft der beiden Jünglinge nicht eine übliche Jungenfreundschaft war. Auch sie hatte diesen Gedanken sehr lange verdrängt, so was sollte es doch in ihrer Familie nicht geben und vor allem, was würde geschehen, wenn Dumeng davon erfahren würde. Nun, die Gefahr war klein, weil es zwischen Dumeng und Gian Cla kaum mehr Kontakt gab. Maria bedauerte, dass Gian Cla sich in dieser Situation befand. Dennoch war sie der Meinung, dass sein Verhalten sowohl Kathrin als auch Jon gegenüber unfair war. Er konnte wohl nicht anders, als so zu lieben, wie er liebte, und so zu leben, wie er lebte.

Als Mutter hatte sie immer versucht, das Leben von Kathrin und den Mädchen möglichst zu erleichtern. Als die Mädchen noch klein waren, war sie regelmässig nach Zürich zum Babysitten gegangen. Ihr Band zu den Mädchen war tief und innig, und war es jetzt auch mit den erwachsenen Enkelinnen. Maria war sich bewusst, dass Gian Cla seine Homosexualität vor den Mädchen nicht viel länger verbergen konnte. Er würde mit ihnen darüber reden müssen. Sie konnte sich jedoch seinen Widerstand vorstellen. Dass die Probleme sich nun zugespitzt hatten, ging auf eine völlig unerwartete Entwicklung zurück. Gian Cla in einem Strafverfahren wegen sexuellen Missbrauchs einer Frau, lachhaft. Und dazu noch exponiert in den Medien, schrecklich. Zu den Wunden, die diese Exponierung auch der ganzen Familie zufügen würde, kam noch die mögliche Offenlegung von Gian Clas Veranlagung. Maria Linard seufzte.

Gian Cla Linards Weihnachten

Gian Cla war nicht in die Alphütte gegangen. Zu kalt war das Wetter geworden und die stillen Tage bei seiner Mutter taten ihm gut. Zwischendurch telefonierte er mit Kathrin und Anna. Anna meinte, dass über die Festtage eh nicht viel passieren würde und er «Ruhe» hätte bis zum 7. Januar. Aber es war wohl die Ruhe vor dem Sturm, wie Gian Cla befürchtete. Am 23. Dezember abends fuhr er in die Ferienwohnung nach Ftan, wo Kathrin und die Mädchen die Weihnachtstage vorbereiteten. Für ihn war es schwierig, auch nur an Weihnachten und an Festtage zu denken, und dennoch wollte er auch diese Weihnachten wie alle bisherigen mit seiner Familie feiern. Die Mädchen freuten sich, als sie ihn sahen, reagierten aber etwas verhalten, denn sie hatten die Schlagzeilen auch gelesen, waren aber glücklicherweise noch nicht darauf angesprochen worden. Es schien, als wäre sein Name noch immer nicht in die Öffentlichkeit durchgedrungen. Besser so. Daher verlief der Vorweihnachtsabend recht harmonisch. Kathrin gab sich viel Mühe mit dem Nachtessen. Die Mädchen hatten gebacken, es war schon fast wie in einem Klischee von heiler Welt.

Am nächsten Morgen wollte Kathrin den Weihnachtsabend vorbereiten und Gian Cla ging mit seinen Töchtern nach Scuol auf die Motta Naluns zum Skifahren. Es war ein eiskalter, aber wunderschöner Tag. Als er im Bergrestaurant La Motta mit den Töchtern ein spätes Mittagessen einnehmen wollte, erschien in der Tür Jon, der sich offenbar auch mit Skifahren hatte ablenken wollen. Als sie einander bemerkten, zuckten sie gleichzeitig zusammen und Jon verliess das Restaurant schnell wieder. «Wer war das?», fragte Ladina. «Wer denn?», fragte Gian Cla. «Ja der Mann, der soeben reinkam, dich anschaute und gleich wieder ging.» «Ich weiss es nicht. Ich glaube, irgendein Konkurrent aus der Partei», lenkte Gian Cla ab. Am frühen Mittag fuhren sie zurück nach Scuol und holten seine Mutter Maria für das Fest ab. Es wurde ein schöner Heiliger Abend, sehr zu Gian Clas Erstaunen.

Annas Weihnachten

Anna hatte sich vorgenommen, die Festtage voll und ganz zu geniessen. Nach dem Stress im November und Dezember wollte sie sich sozusagen «überholen lassen». Am Freitag vor Weihnachten hatte sie sich frei genommen, ging nachmittags auf Shoppingtour und, organisierte wie jedes Jahr verschiedene Weihnachtsgeschenke. Obwohl man dies seit Jahren kritisierte – mochte sie diesen Brauch, und sie mochte auch Geschenke. Was sie aber nicht mochte, war die heuchlerische Bescheidenheit der verwöhnten Mitmenschen. Weihnachten war für Anna das Fest der Familie, des Geniessens und der Geschenke – religiös war sie allerdings nicht. Dennoch feierten die Contis in alter Tradition mit Baum und Kerzen. Der friedlichen Innigkeit, die sich dabei einstellte, konnte sich niemand entziehen.

Dieses Jahr würde eine grosse Runde bei Anna zu Hause Weihnachten feiern. Neben der Familie kamen die Eltern von Flavio aus dem Tessin, die Nonni, und Annas Eltern, Opa und Oma aus Zollikon. Jeder würde etwas mitbringen. Die Feierlichkeiten würden bereits gegen fünf Uhr nachmittags mit einem langen Aperitif beginnen. Anna freute sich. Nur nicht mehr an den Fall denken müssen. Jetzt nachdem sie wusste, dass Gian Cla im Engadin in Sicherheit war und sich die Situation etwas beruhigt hatte, konnte sie sich sorgenlos in den Weihnachtstrubel und später in die weihnachtliche Ruhe begeben. Den Samstag hatte sie sich reserviert für einen Schönheits- und Fitnesstag im eleganten Spa des Grand Hotel Dolder. Als sie auf der Massageliege lag, kam es ihr in den Sinn, dass nur wenige Meter weiter unten die Caprez'sche Villa war. Was für eine wunderbare Lage. Sie verdrängte diesen Gedanken jedoch wieder und begab sich in die erfahrenen Hände der Masseurin, die ihr zuerst noch eine Körperpackung hatte angedeihen lassen. Nach der Massage ging sie in die Kosmetikabteilung, wo auch gleichzeitig ein Friseur war. Sie verbrachte dort insgesamt drei Stunden und als sie in den Spiegel schaute, kannte sie sich selbst kaum mehr. Sie fand sich grossartig, schön wie noch nie und fuhr leichten Herzens nach Hause. Als sie nach Hause kam, schauten sie ihre beiden Töchter erst mal verwundert an und brachen dann in schallendes Gelächter aus. Das hatte sie nun von ihren Schönheitsbemühungen. Mirjam sagte prustend «Du siehst aus wie Lady Gaga mit dunklen Haaren», und Sandra bemerkte, sie habe gemeint, sie hätte eine seriöse Anwältin zur Mutter und nicht ein überschminktes Mannequin. Anna war beleidigt. Flavio, den sie daraufhin in seinem Büro aufsuchte, war wesentlich diplomatischer und fand, dass sie wunderschön aussehe. Na immerhin. Und wem wollte sie denn gefallen?

Die Weihnachtstage verliefen tatsächlich harmonisch. Flavio und sie hatten die beiden Töchter davon abhalten können, ins Engadin zu fahren, um mit den Linard'schen Töchtern Ski zu fahren. Das hätte nicht nur den Töchtern, sondern wahrscheinlich auch ihnen Sorgen bereitet und nicht zur guten Laune beigetragen. Der einzige Wermutstropfen an diesem Weihnachtsessen war Annas Vater gewesen. Annas Vater hatte jahrelang eine der grössten Anwaltskanzleien der Stadt geführt und war jetzt mit über 80 Jahren noch immer teilweise tätig, was er besser nicht wäre. Nicht nur ihr war aufgefallen, dass seine Gedächtnisleistungen deutlich nachliessen. Doch er wollte sich nicht zu einem Arztbesuch überreden lassen, aber sicher nicht er. Er sei doch noch super in Form, da müsse sich manch ein Junger anstrengen, um ihm das Wasser reichen zu können. Annas Mutter war ziemlich verzweifelt: Manchmal war es geradezu peinlich. Während des Weihnachtsessens hatte Annas Vater zweimal hintereinander dieselbe Geschichte erzählt – ohne es zu merken. Mirjam und Sandra hatten ihre Mutter fragend angeschaut. Flavio hatte sorgenvoll die Stirn gerunzelt.

Die Eltern von Flavio waren zum Glück etwas schwerhörig. Beim Aufräumen des Weihnachtsgeschirrs erzählte ihr ihre Mutter, dass es auch gefährlich geworden sei, wie Vater Auto fahre. Er weigere sich jedoch, sich erneut einer Fahrprüfung zu unterziehen und die jährliche, gesundheitliche Kontrolle hatte sein Kollege, ein Arzt aus seinem Service-Club gemacht und ihm immer wieder anstandslos Fahrtüchtigkeit bescheinigt. Anna beschloss, mit ihrem Vater zu reden, und wenn das nichts nützen würde, diesem Kollegen aus dem Club etwas auf die Pelle zu rücken und ihm mitzuteilen, dass er sich mitschuldig machen würde, wenn ihr Vater fahruntüchtig einen Unfall verschulden würde. Ohne Sorgen ging es offenbar nicht. Bei der Arbeit nicht und auch in der Familie nicht, nicht einmal an Weihnachten.

Am weihnachtlichen Sonntagsbrunch nach dem Weihnachtsabend meinte dann Sandra: «Sag mal Mama, der Opa ist aber ziemlich durchgeknallt.» «Ich fürchte», antwortete Anna, «er wird dement. Sein Vater, euer Urgrossvater, war schon dement. Das Dumme ist nur, dass er sich dessen nicht bewusst ist, sich auch nicht untersuchen lassen will und schon gar nicht will er sich vom Autofahren abhalten lassen. Da werde ich wohl etwas unternehmen müssen. Es ist nicht immer einfach, die einzige Tochter zu sein.» «Aber», meinte Flavio, «er muss sich doch regelmässig einer medizinischen Kontrolle unterziehen?» «Ja, ja», antwortete Anna, «das tut er auch, nur der medizinische Experte ist sein Freund aus dem Service-Club und der würde ihm noch als Toten seine Fahrtüchtigkeit bescheinigen. Mama wagt es nicht, etwas zu unternehmen. Sie muss ja mit ihm zusammenleben, denn wenn er erfahren würde, dass Mama ihn zur Fahrprüfung angemeldet hat, oh Himmel, nicht auszudenken, wie er toben würde. Dann bleibe wohl nur noch ich, um etwas zu unternehmen.»

Auch Flavio beschloss, bezüglich der Hör- und Denkfähigkeit seiner Eltern Anfang Jahr etwas zu unternehmen. «Sei aber etwas diplomatischer Papa», lachte Mirjam, «als Nonna das letzte Mal aus dem Tessin anrief und dir mitteilte, dass sie sich nicht so wohl fühle, hattest du nichts Besseres zu sagen, als ‹ja mir ist aufgefallen, dass es zurzeit in der Zeitung sehr viel mehr Todesanzeigen gibt›.» Und so endetet der Weihnachtsbrunch in grosser Heiterkeit.

Ines Pfister und Jana Kovac

Die Weihnachtstage gingen vorbei, die Neujahrstage auch und so war es viel schneller 6. Januar geworden, als dass alle erwartet hatten. Nicht gut verlaufen waren die Festtage beim Ehepaar Pfister. Ines Pfister war alles andere als begeistert von der Tatsache, dass ihr Mann seinen Eltern die ganze Linardgeschichte erzählt hatte. Das verdarb ihr das an sich wunderbare Weihnachtsessen, zumal gerade der alte Herr Pfister sehr neugierig in Detailfragen war. Ines' Mann liess sich lautstark darüber aus, dass dieser «A ...» von einem Staatsanwalt tatsächlich das Verfahren einstellen wolle. «Aber da kann man sicher etwas dagegen unternehmen?», fragte seine Mutter. «Ihr habt doch eine gute Anwältin, oder?», meinte sie in einem ganz unangenehmen Tonfall, «oder hast du am Ende nicht die ganze Wahrheit gesagt Ines?» Ines fing an zu schluchzen, stand auf, warf den Stuhl um und rannte ins Schlafzimmer. «Das war unnötig Mama», meinte Max Pfister. «Sie leidet schon genug darunter, musst du da noch Öl ins Feuer giessen?» «Ja aber, wenn dieser Arzt ungeschoren davonkommt, was geschieht dann?», fragte Max' Mutter beleidigt. «Dann schlage ich ihn tot», antwortete Max Pfister. «Meiner Ines so was anzutun. Er hat enormen Schaden angerichtet. Zwischen uns läuft es nicht mehr. Auch hat Ines keine Milch mehr, um unseren Kleinen zu stillen. Sie weint jeden Tag, es ist ein beschissener Zustand.»

Im Schlafzimmer schluchzte Ines verzweifelt in ihr Kissen hinein. Ihre Schwiegermutter hatte einen wunden Punkt getroffen. Seit der Einvernahme beim Staatsanwalt war sich nämlich Ines nicht mehr so sicher, ob sich alles so abgespielt hatte, wie sie angenommen hatte. Genau genommen hatte sie ja gar nichts gesehen. Da war das Blut, da war die verschobene Unterwäsche, aber irgendeine Handlung von Linard hatte sie nicht bewusst wahrgenommen. Auch Linards Reaktion schien nicht auf einen Missbrauch hinzuweisen. Er war etwas verwirrt gewesen, hatte versucht, sie zu beruhigen, eigentlich hatte er gar nicht den Eindruck gemacht, als könnte er eine Frau schänden. Ines kannte niemanden, dem sie ihre Zweifel anvertrauen konnte und irgendwie konnte sie jetzt nicht mehr zurück. Max hatte sich so sehr in seine Wut hineingesteigert, dass sie befürchten musste, dass die Wut auf sie übergehen würde, wenn sie einen Rückzieher machen wollte. Überhaupt war es schwierig mit Max. Er war unausgeglichen, jähzornig und manchmal hatte sie richtig Angst vor ihm. Was sollte sie bloss tun? Sie hatte sich auch überlegt, mit der Opferanwältin allein zu reden, denn sie war gar nicht zu Wort gekommen, als Max dieser mitteilte, sie müsste umgehend Einsprache erheben. Selbst der Hinweis, dass die Geschädigte dann einen Vorschuss zahlen müsse, schien Max vorerst nicht zu beeindrucken, aber, so wusste Ines, das würde noch kommen. Immer wenn es um Geld ging, wurde Max noch ungeniessbarer. Er verdiente nicht viel und seit Hänschen da war, konnte Ines nicht mehr viel mitarbeiten. Darum hoffte Max auf eine Entschädigung von Linard. Wie sie es auch drehte und wendete, Ines wusste nicht, wie sie aus dieser Situation herauskommen konnte.

Auch Frau Kovac hatte keine schönen Weihnachten gehabt. Wohl hatte sie wie jedes Jahr den Heiligen Abend bei ihrer Schwester Mara verbracht, deren Kinder mittlerweile schon gross, aber auch sehr verwöhnt waren. Sie hatte das Fest und das anschliessende Dinner nicht geniessen können. Die ganze Geschichte ging ihr nicht mehr aus dem Kopf und sie musste pausenlos darüber nachdenken, was für ein Fehler es gewesen war, Tina Holt zu informieren. Tina Holt hatte schon wieder mehrmals versucht, sie zu erreichen und mittlerweile war auch Frau Kovac klar, dass die Holt etwas im Schilde führte und sie ihr dabei helfen sollte. Nun, ihre Stelle würde sie so oder so verlieren, da konnte sie ihren Fehler wohl auch nicht mehr gut machen. Wie hatte sie bloss in eine solche Situation geraten können nach all den Jahren als Praxishilfe?

Sie hatte ihrer Schwester erzählt, dass bei ihr eine Kündigung bevorstünde, und ihre Schwester hatte verständnislos geantwortet: «Aber du bist ja erst drei Monate bei diesem Doktor Linard. Gefällt es dir denn nicht?» Kovac schluckte und antwortete, «ja weisst du, wir verstehen uns nicht gut.» «Aber das ist doch kein Grund. Wichtig ist doch, wie du arbeitest!», rief ihre Schwester aus. «Ach», meinte Jana Kovac, «das ist ein so unangenehmes Thema und heute ist doch Weihnachten, reden wir lieber von etwas anderem.» «Wenn du meinst», antwortete ihre Schwester Mara etwas beleidigt. Sie empfand das Abwürgen des Themas durch Jana als Vertrauensmangel. «Sag mal», fragte Reto, der Mann ihrer Schwester, «war da nicht kürzlich in der Zeitung ein Bericht über einen Gastroenterologen, der eine Frau missbraucht haben soll? Das ist wohl nicht zufällig dein Doktor Linard?» «Wie kommst du darauf?», fragte Jana. «Nun, es stand immerhin ein Dr. L.», antwortete Reto, «und so viele Gastroenterologen, deren Name mit L anfängt, gibt es auf dem Platz Zürich wohl auch wieder nicht.» «L ist doch ohnehin nur ein Deckname», informierte ihn Jana, «es darf doch gar nicht bekannt werden in diesem Stadium des Verfahrens, wer der Täter ist.» Du sprichst aber ganz juristisch professionell», meinte Mara, «man könnte meinen, du hättest damit zu tun.» Jana empfand eine Anwandlung von Übelkeit. Nicht mal an Weihnachten wurde sie diesen Fall los und die Einwände ihrer Schwester und ihres Schwagers empfand sie als grenzüberschreitend. Aber in solche Situationen würde sie wahrscheinlich noch häufiger geraten, denn der Fall, das war ihr klar, war noch lange nicht zu Ende.

Anna und der Journalist

Als Anna nach den Festtagen wieder in ihre Kanzlei kam, hatte sich einiges an Arbeit angehäuft und erinnerte sie daran, dass sie neben dem Fall Gian Cla Linard noch andere Fälle zu bearbeiten hatte. Natürlich hatte Gian Cla am meisten Raum eingenommen, aber sie musste sich jetzt auch wieder anderen Fällen zuwenden.

Die Festtage hatten die Situation beruhigt und auch für Kathrin und die Töchter eine Schonzeit gebracht. Sie hatten die Festtage geniessen können, teilweise sogar mit Gian Cla – und die Einstellungsverfügung vor Weihnachten hatte auch beruhigend gewirkt. Anna hatte Kathrin erklärt, dass die Einstellungsverfügung noch nicht rechtskräftig sei und die Geschädigte dagegen noch Einsprache einreichen könne, aber sie würden jetzt etwas Zeit gewinnen. Auch war im Freundes-, Familien- und Bekanntenkreis noch nicht durchgedrungen, dass es sich bei Dr. L. um Dr. Linard handelte. Spekulationen darüber waren ebenfalls durch die Ankündigung der Einstellungsverfügung gedämpft worden. Doch die Ruhe, dessen war sich Anna bewusst, war eine vorübergehende. Kathrin hatte ihr mitgeteilt, dass sie ihren Eltern noch nichts vom Fall erzählt hatte. Kathrins Eltern mochten Gian Cla eh nicht, hatten sie doch all die Jahre festgestellt, wie kalt er ihrer Tochter gegenüber war. Auch der Kontakt zu ihrer Tochter hatte darunter gelitten. Die Eltern konnten nicht verstehen, dass Kathrin die Situation so akzeptierte. Kathrin würde ihren Eltern allenfalls erst bei einem Bekanntwerden der Einsprache über den Fall informieren. Auch diesbezüglich hatte sie zurzeit noch etwas Ruhe. Aber die Ruhe war trügerisch.

Am 20. Januar hatte Anna eine Kopie des obergerichtlichen Schreibens an Frau Pfister im Posteingang, wonach das Obergericht den Eingang der Einsprache bestätigte und Ines Pfister einen Kostenvorschuss von 4000 Franken auferlegte. Kathrin wusste, dass diese Kostenauflage unter Umständen das Ende des gesamten Verfahrens bedeuten konnte. Ausnahmsweise war sie mal froh, dass der Geschädigten diese Kosten auferlegt wurden. Wenn sie selbst Geschädigte vertrat, war sie immer erzürnt über diese Kostenauflage, die sehr oft die Geschädigte, auch wirkliche Opfer, vom Recht abschnitten. Wer konnte schon so einfach 4000 Franken innerhalb von zehn Tagen hinlegen? Und die wenigsten Rechtsuchenden hatten Anspruch auf die sogenannte unentgeltliche Prozessführung. Bei Ines Pfister arbeiteten beide Ehepartner, sie würden wahrscheinlich keine unentgeltliche Prozessführung bekommen und die Opferhilfe, das wusste Anna, bezahlte in der Regel keine Kostenvorschüsse, beim Geld hörte die Opferhilfe meistens auf. Auch darüber hatte sie sich schon oft geärgert. Doch in diesem Fall war sie froh darüber. Das verbesserte die Aussichten von Gian Cla. Anna stellte sich vor, wie viel Spannungen diese Kostenauferlegung in die Ehe der Pfisters bringen würde – und damit lag sie richtig.

Die Mitteilung der beabsichtigten Einstellung des Verfahrens gegenüber Gian Cla hatte in der letzten Woche zu einigen bösen Artikeln in verschiedenen Zeitungen und Internet-Plattformen geführt. Sie zielten alle in dieselbe Richtung, nämlich: Natürlich werde der angesehene Arzt und Politiker verschont und dem armen Opfer werde mal wieder nicht geglaubt. Es sei an der Zeit, so stand in verschiedenen Artikeln, endlich die Beweislast umzukehren, was im vorliegenden Fall bedeutet hätte, dass Gian Cla seine Unschuld hätte beweisen müssen, was unter den gegebenen Umständen möglich, aber nicht ganz einfach gewesen wäre. Die Beweislosigkeit hätte ihm dabei geholfen. Aufgrund der vorhergehenden Festtage waren es nicht viele besorgniserregende Artikel gewesen, aber die konnten noch kommen.

Es wunderte Anna somit nicht, als das Telefon klingelte und ihr Astrid Herrn Pünter meldete. «Sagen Sie mal Frau Berger, was halten Sie denn von dieser Einstellung?» «Nun, Herr Pünter, ich hatte Ihnen doch schon gesagt, dass es keine Beweise gibt, dass es sich seitens des Opfers wohl um einen Irrtum handelt und dass dieser Fall eingestellt werden muss. Das hat im Übrigen gar nichts mit dem Status von Dr. Linard zu tun. Im Gegenteil, sollten gerade Sie als Journalist wissen, dass heute vor allem angesehene Persönlichkeiten Strafverfahren fürchten müssen, weil sich kein Staatsanwalt und kein Richter dem Vorwurf aussetzen will, dass er eben «die Grossen laufen lässt». Wenn Sie als unbekannter Hans Müller, Angestellter, in ein Verfahren kommen, interessiert doch das kein Schwein, ich meine interessiert das doch niemanden, aber hier natürlich wird alles auf die Tatsache geschoben, dass es sich bei Dr. Linard um einen angesehenen Arzt und Politiker handelt. Das ist so falsch wie ungerecht. Nochmals, die Wahrheit liegt nicht immer dort, wo man sie gerne hätte – und jetzt Herr Pünter, was wollen Sie aus dieser Tatsache machen? Wollen Sie sich diesen MeToo-Artikeln, die alle in dasselbe Rohr stossen, anschliessen? Oder sind Sie doch geneigt, meinen Argumenten etwas mehr Beachtung zu schenken, auch wenn Sie natürlich weniger spannend sind für den Leser?» Pünter meinte: «Nun, es kann ja sein, dass Einsprache gegen diese Einstellungsverfügung erhoben wird, nicht? Können Sie mir darüber etwas sagen?» Anna teilte ihm nicht mit, was sie wusste, sondern sagte lediglich «Ja, es ist möglich, dass eine Einstellungsverfügung angefochten wird. Damit muss mein Klient rechnen.» Mehr sagte sie nicht dazu. «Doch», sagte Anna, «würden Sie auch mir jetzt eine Frage beantworten?» «Wenn ich kann», antwortete Pünter. «Haben Sie schon mit der Opferanwältin gesprochen?» «Noch nicht, aber das kommt noch», meinte Pünter: «Ich denke, sobald bekannt wird, dass Einsprache erhoben worden ist, werde ich mal eine Stellungnahme des Opfers beziehungsweise der Opferanwältin einholen, und natürlich werde ich auch wieder bei Ihnen anklopfen.» «Ich freue mich darauf», antwortete Anna und hängte auf. Anna versuchte daraufhin, Gian Cla zu erreichen, was ihr nicht gelang. Sie wusste wieder einmal nicht, wo er war, Kathrin hatte es ihr auch nicht sagen können und sie beschloss, es später noch einmal bei Jon zu versuchen. Anna legte die Akte Gian Cla beiseite und wandte sich endlich ihren anderen Fällen zu.

Max Pfisters Rachepläne

«Das ist eine verdammte Schweinerei», rief Max Pfister aus, als er den Kostenauflagebeschluss des Obergerichts gelesen hatte. «Wie sollen wir bloss in so kurzer Zeit 4000 Franken aufbringen? Und bekommen wir die je wieder zurück?» Ines seufzte. «Ich habe heute schon mit Verena Geisser gesprochen. Sie sagt, sie werde versuchen, für mich die unentgeltliche Prozessführung zu beantragen. Dafür müsse sie sämtliche Unterlagen betreffend Einkommen und Vermögen von dir und mir haben.» «Warum auch von mir?», wandte Max Pfister ein, «um mich geht es doch gar nicht.» «Du bist mein Ehemann und man geht von unseren gesamten Einkommens- und Vermögensverhältnissen aus. So jedenfalls hat sie es mir erklärt.» «Das glaube ich ja nicht. Zusammen haben wir knapp 30'000 Franken auf den Konten und die kann ich nicht verschwinden lassen. Somit wird man wohl diese unentgeltliche Prozessführung nicht bewilligen und wir riskieren, dass Linard freigesprochen wird und uns die Kosten bleiben. Leben wir denn nicht in einem Rechtsstaat? Spricht man nicht immer von Opferschutz? Für wie gross hält denn Frau Geisser die Chancen einer allfälligen Einsprache?» «Nun ja», antwortete Ines, «da wollte sie sich nicht festlegen.» «Natürlich nicht. Und die Opferhilfe, zahlt die nichts an einen Vorschuss?» «Scheinbar nicht», antwortete Ines, «Jedenfalls nicht, wenn man es vorher nicht mit einer Eingabe um unentgeltliche Prozessführung versucht hat.» «Die ja dann offenbar keine Chancen hätte. Es ist so eine Schweinerei», ereiferte sich Max Pfister. Ines seufzte: «Weisst du Max, lassen wir es einfach. Ich mag nicht mehr. Ich sehe ja, dass es keine Beweise gibt, es wurde kein Sperma gefunden, man fand auch keine Blutflecke auf Linards Kleidern, es gibt keine Zeugen, – auch wenn ich noch so überzeugt bin, dass da etwas vorgefallen ist, wir können es nicht beweisen. Ich habe so genug von diesen Einvernahmen, ich möchte nicht weitermachen. Bitte verstehe das.»

Erschrocken stellte Ines fest, dass Max vor Empörung fast die Luft wegblieb. Er fasste sie an beide Schultern und schüttelte sie. «Ja und dann, dann werden doch alle sagen, du hättest gelogen. Wie stehst du dann da, wie stehen wir denn da?» «Aber Max, es weiss doch gar niemand davon. In der Presse ist nicht einmal Linards Name genannt worden und meiner schon gar nicht. Wenn wir es jetzt bei der Einstellung belassen, dann ist es einfach vorbei und ich werde das irgendwie verarbeiten müssen und wenn du mir dabei hilfst, werde ich es auch verarbeiten können.» Max schnaufte. «Oh nein, so leicht geben wir nicht auf. Ich werde mal mit diesem Pünter vom «Zürich heute» reden und dann könnten wir uns ja mal überlegen, ob wir nicht einen Flyer herstellen wollen mit ein paar interessanten Fakten zu Linard und zum Fall – und die verteilen wir in verschiedene Briefkästen, vor allem im Bereich Wollishofen, wo er wohnt, und im Bereich Forchstrasse/Hegibach, wo er seine Praxis hat. So leicht kommt der uns nicht davon.» Ines schaute Max verängstigt an. «Kann das für uns nicht auch Folgen haben?» «Ist mir egal», sagte Max, «der soll auch leiden.»

Drei Tage später befanden sich in den Briefkästen unmittelbar um den Wohnbereich beziehungsweise um den Praxisbereich Linards Flyer folgenden Inhalts: «Dr. Gian Cla Linard, ein Schänder! Der «hoch angesehene» Gastroenterologe und

Politiker hat bei einer Untersuchung eine Frau in der Narkose missbraucht und soll jetzt davonkommen. In welcher Gesellschaft leben wir? Wer schützt unsere Frauen? Wer schützt unsere Patientinnen? Unterschrieben: Aktionsgruppe Linard.»

«Sauhund»

Kathrin merkte die Folgen des Flugblattes, noch bevor sie das Flugblatt selbst in ihrem Briefkasten entdeckt hatte. Als sie am Morgen zur Tramhaltestelle gehen wollte, schienen sie alle Nachbarn komisch anzuschauen und versuchten gar wegzublicken, bevor sie sie grüssten. Kathrin fragte schliesslich ihre Nachbarin Theresa direkt, was denn los sei. Theresa druckste etwas herum und meinte dann, «Hast du das Flugblatt nicht bekommen?» «Welches Flugblatt?», fragte Kathrin alarmiert. «Das über Gian Cla.» «Nein, das habe ich noch nicht gelesen, aber ich kann mir vorstellen, was darauf steht. Es scheint nicht zu genügen, dass der Fall eingestellt worden ist.» «Ja», meinte Theresa, «wie soll das der Normalbürger beurteilen können. Und dann, schau mal deine Eingangstüre an.» Kathrin drehte sich um. Beim Verlassen des Hauses hatte sie nicht auf die Fassade geachtet, wo in grossen roten Lettern «Sauhund» stand. Die Schonzeit war vorbei.

Sie kehrte um und rannte ins Haus, um erst mal Seraina und Ladina zu warnen. Dann setzte sie sich hin und liess ihren Tränen freien Lauf. Seraina versuchte sie zu beruhigen und meinte «Ruf doch zuerst mal Anna an.» Das tat Kathrin. Es dauerte eine Weile, bis Anna aus dem von Weinen unterbrochenen Redeschwall Kathrins klug wurde. «Also Kathrin», begann Anna ganz ruhig, «zuerst ruf ich Flavio an, damit er einen Fassadenmaler vorbeischickt, der den «Sauhund» übermalt. Das sollte schnell gehen. Und kannst du mir das Flugblatt vorbeibringen beziehungsweise gescannt schicken, damit ich es selbst lesen kann? Wir werden uns überlegen müssen, wer es geschrieben hat – viele Verdächtige gibt es nicht. Die Pfisters und Frau Holt. Ich werde mir wohl eine Anzeige gegen Unbekannt wegen Verleumdung, allenfalls falscher Anschuldigung überlegen müssen. Aber es ist natürlich ein Schuss ins Leere und den entstandenen Schaden können wir nicht wieder gut machen. Tut mir leid, ich bin aber auch nicht erstaunt über diese Entwicklung. Alles, was ich dir sagen kann, ist, wenn es bei der Einstellung bleibt, dann geht das vorbei.» Kathrin stöhnte. «Daran wird man sich immer erinnern, da hat Gian Cla recht. Das wird er, das werden wir, nicht mehr los.» «Wo ist Gian Cla überhaupt, weiss er schon, was geschehen ist?», fragte Anna. «Nun, er war bis vor ein paar Tagen hier und ist jetzt wieder ins Engadin gegangen. Ich weiss nicht, ob allein oder zusammen mit Jon. Ich glaube, er spürte, dass da etwas auf ihn zukommt. Er hat angefangen, die ersten Schritte zur Praxisauflösung aufzugleisen, trotz der mitgeteilten Einstellung. Gian Clas Kollegen haben ihm trotzdem nahegelegt, die Gastropraxis Hegibach zu verlassen. Soviel zu den lieben Kollegen. «Ja», meinte Anna, «die sehen natürlich ihren Ruf auch in Gefahr. Aber da siehst du mal, wie's abläuft, selbst wenn sich jemand am Schluss als völlig unschuldig herausstellt. Die Folgen eines Strafverfahrens muss er bereits tragen, Unschuldsvermutung hin oder her, denn verurteilt werden wird Gian Cla nicht, da bin ich mir ganz sicher.» «Vom Gericht wohl nicht, von der Öffentlichkeit und von den Kollegen ist er es schon», bemerkte Kathrin. «Ich denke, wir werden hier auch wegziehen müssen – und das nach all den Jahren. Zwischen mir und Gian Cla ändert es nicht viel. Die Töchter stehen voll zu ihrem Vater, aber schwer belastet, wenn ich das richtig sehe, ist die Beziehung zu Jon, und das war vielleicht die einzig tragende Beziehung, die Gian Cla hatte», stellte Kathrin bitter fest. «Von seiner Mutter wohl mal abgesehen», meinte Anna. «Doch warten wir erst mal ab.»

Annas Ängste

«Hallo Gian Cla, schön, dass ich Sie erreiche. Ich habe mir gedacht, dass Sie bei Ihrer Mutter sind», fing Anna das Gespräch mit Gian Cla an. «Ich weiss kaum mehr, wohin ich gehen soll», meinte Gian Cla, «ich fühle mich nirgends mehr zu Hause und somit nirgends mehr wohl. Ich habe den Eindruck, ich sei für meine Töchter eine Zumutung, und Kathrin gegenüber hatte ich schon immer ein schlechtes Gewissen, obwohl sie alle drei sehr lieb zu mir sind. Da kann ich mich gar nicht beklagen. Auch Jon ist sehr lieb zu mir, zu lieb. Alle wollen mir helfen, mich trösten, mich unterstützen – und genau das ertrage ich nicht. Meine Mutter ist mir da noch am angenehmsten. Sie fragt nicht viel, ist einfach da, hört zu, wenn ich reden will, schweigt, wenn ich schweigen will. Mir ist wieder bewusst geworden, was ich an meiner Mutter habe. Und jetzt musste ich ihr so weh tun.» «Das ist nicht Ihr Fehler, dass ihr weh getan wird. Nicht Sie tun ihr weh, ihr Schicksal tut ihr weh. Gleiches gilt auch für Jon, Kathrin und Ihre Töchter. Unschuldig in ein solches Strafverfahren zu gelangen, das tut sehr weh, auch den nächsten Angehörigen», ergänzte Anna. «Sie haben sicher von den neuen Entwicklungen, also vom Flyer und der Verschandelung der Hauswand, gehört. Der aufgesprayte Sauhund neben der Haustüre ist mittlerweile wieder weg.» «Ich glaube nicht mehr, dass es einen grossen Unterschied macht, ob man schuldig oder unschuldig in ein Verfahren kommt. Sehen Sie meinen Fall an.»

«Doch, am Schluss macht es schon einen Unterschied. Der Fall ist noch immer eingestellt, ich weiss nicht, ob Einsprache erhoben wurde. Ich denke, es wird bei Pfisters erheblich Probleme geben wegen des Kostenvorschusses von 4000 Franken und so sehe ich in dieser Flyer-Verteilung eine Frustreaktion auf diese Kostenauflage. Dahinter steht, vermute ich, der Mann von Ines Pfister. Ich habe ihm geschrieben, ihm mit einer Strafanzeige wegen falscher Anschuldigung und Verleumdung gedroht. Denn wenn Sie vom Gericht nicht verurteilt werden, und Sie werden nicht verurteilt werden, dann sind diese Tatbestände erfüllt. Natürlich war das Flugblatt anonym, aber intelligenterweise stand auf der Rückseite des Blattes der Name der Druckerfirma und mit noch nicht mal allzu viel Druck hat diese Firma den Auftraggeber genannt. Ich habe nun also unter der Androhung von Strafanzeigen Max Pfister aufgefordert, einen zweiten Flyer zu machen, in dem steht, dass das Verfahren aus Mangel an Beweisen eingestellt worden sei und Sie somit unschuldig seien. Er wird es wahrscheinlich nicht tun – und dann werde ich eben die Anzeige einreichen. Letzteres habe ich auch Herrn Pünter vom «Zürich heute» mitgeteilt, der das so in seiner Zeitung bringen will. Das macht den Schaden zwar nicht sehr viel kleiner, aber es verunsichert die Leute und das ist gut für Sie. Sie sehen, wir tun alles, damit es für Sie so glimpflich wie möglich ausgeht.» «Danke Anna. Ich weiss Ihren Einsatz sicher zu würdigen, dennoch sehe ich keine Lösung meiner Probleme. Gut, der Fall wird eingestellt werden, aber mein Ruf als Arzt, als Politiker und als Person überhaupt hat Schaden genommen und der wird nicht so schnell weggehen, wenn überhaupt. So oder so werde ich die Praxis verlassen müssen und kann in dieser Konstellation nicht gleich wieder eine neue eröffnen. Das ist mal das eine Problem.»

Nach einem tiefen Seufzer fährt Gian Cla fort: «Das andere Problem ist noch immer, dass ich jeden Tag darauf warte, dass meine Beziehung zu Jon bekannt wird, vor allem nach diesem Flugblatt. Wir waren jahrelang diskret. Ich konnte bei ihm jeweils in die Tiefgarage fahren, niemand hat mich gesehen, wenn ich bei ihm war. Seine Liegenschaft ist nicht einsehbar. Wir waren so vorsichtig. Dennoch, ich kenne mehrere Leute, die es wissen oder ahnen. Einer dieser Bekannten hat bereits bei Jon angerufen und gesagt: ‹Du hör mal, der Linard kann's doch gar nicht gewesen sein, der ist doch schwul›. So fängts doch an und mir wird kalt, wenn ich daran denke, wie es weitergeht und wie es aufhört. Ich möchte sicher nicht, dass die Frage, ob ein Homosexueller eine Frau missbrauchen kann, gerade an meinem Beispiel diskutiert wird.» «Lieber Gian Cla, bei allem Verständnis, wie schwierig Ihre Situation ist, wünschte ich Ihnen doch eine etwas dickere Haut. Noch ist gar nicht sicher, ob etwas von Ihrer Beziehung zu Jon bekannt wird. Noch ist keine gültige Einsprache erhoben worden. Es ist nun mal nie auszuschliessen, dass ein Arzt in eine solche Situation gerät, wie Sie jetzt gekommen sind, sei es aufgrund eines Missbrauchs, sei es aufgrund eines Kunstfehlers. Als Arzt sind Sie exponiert. Dafür haben Sie auch eine Haftpflichtversicherung oder nehmen sich – wie jetzt – anwaltliche Hilfe. Nach einer gewissen Zeit legt sich jedes Feuer, vielleicht sollten Sie einfach eine Auszeit nehmen und nachher doch wieder irgendwo anfangen, vielleicht in einer anderen Stadt. Es ist mit Sicherheit nicht alles verloren. Der Fall ist gut gelaufen, ich bin optimistisch. Dann haben Sie viele Menschen um sich herum, die Sie sehr lieben. Denken Sie an Ihre Töchter und denken Sie an Jon. Kathrin ist Ihnen nach wie vor freundschaftlich zugetan und das ist in Ihrer Situation sicher nicht selbstverständlich. In mancher Hinsicht haben Sie auch Glück. Natürlich ist die ganze Angelegenheit nervenaufreibend und bedrohlich, aber Sie sehen es doch sehr schwarz.» «Das sind die Worte meiner Mutter. Haben Sie mit ihr gesprochen?» «Nein», sagte Anna, «aber Ihre Mutter ist eine intelligente Frau und sie liebt Sie auch. Natürlich wird nicht mehr alles sein, wie es war. Früher oder später wäre der Moment der Wahrheit gekommen, da bin ich mir ganz sicher. Da haben Sie sich auch Illusionen gemacht. Ihre Töchter hätten irgendwann etwas geahnt, sie sind zu erwachsen und auch zu intelligent, um nicht zu erkennen, was sie sehen. Diese Problematik wurde jetzt einfach katalysiert durch den Rechtsfall, aber gekommen wäre es so oder so irgendwann und Sie hätten irgendeine Lösung finden müssen.»

Es blieb ruhig am anderen Ende der Leitung. Sie hörte nur, wie Gian Cla atmete. «Ich kann das nicht», sagte er dann, «ich kann das alles nicht. Ich halte das alles nicht aus. Ich habe alles jahrelang verdrängt und durch diese verdammte Magenspiegelung wurden sämtliche Probleme an die Oberfläche gespült. Ich weiss nicht mehr, was ich tun soll, Anna. Ich denke mal, dass es so oder so zu einer Einsprache kommen wird. Ich muss also noch immer damit rechnen, dass das Obergericht die Einsprache gutheisst, und dass es noch zu einem öffentlichen Verfahren kommen wird. Ich mach das nicht mit. Ich kann das nicht.» «Machen Sie sich diese Sorgen, wenn sie da sind Gian Cla – und jetzt sind sie noch nicht da. Ich persönlich glaube nicht, dass es zu einer gültigen Einsprache kommt. Warten Sie wenigstens diesen Augenblick ab, denn wenn Sie Ruhe haben mit dem Verfahren, dann werden die Unkenrufe in den Medien sofort aufhören, glauben Sie mir. Es lohnt sich, abzuwarten, bevor Sie andere Pläne umsetzen oder bevor sie …» und jetzt machte Anna einen kühnen Schritt nach vorn, «sich von der Vulpera Brücke stürzen, denn das ist das, was wir alle unausgesprochen befürchten. Das haben Sie wohl gemerkt.» Gian Cla schwieg. «Ich werde mich nicht von der Vulpera Brücke stürzen», antwortete er, «auch nicht von der Gurlaina Brücke. Ich werde mich von keiner Brücke stürzen, wenigstens das kann ich Ihnen versprechen. Wir hören uns.» Und damit hängte Gian Cla auf.

Anna war nach wie vor beunruhigt. Gian Clas Pessimismus und seine Depression demotivierten sie. Es gab auch andere Arten, sich das Leben zu nehmen, als sich von einer Brücke zu stürzen und gerade Gian Cla dürfte das nicht schwerfallen. Es war nicht das erste Mal, dass sie in einem Strafverfahren befürchtete, dass ihr Klient suizidgefährdet war. Aber es nervte sie, da sich doch gerade im Fall Gian Cla die rechtliche Situation so gut entwickelt hatte. Das mit diesem blöden Flyer sollte man auch noch in den Griff bekommen und wenn es bei der Einstellung blieb – und dafür sprach vieles – dann hatte er ja weitgehend Ruhe. Anna verstand es nicht. Sie verstand auch diese enorme Angst nicht. Sollte bekannt werden, dass Gian Cla homosexuell war, soll er die Leute doch reden lassen. Er musste es nicht bestätigen, niemand musste das bestätigen. In dieser Situation würde das die Leute eh nur verwirren.

Ein Journalist denkt nach

Pünter sass in der Zeitungsredaktion. Er überlegte. Hatte Gian Cla Linard allenfalls noch andere Leichen im Keller? Sexuelle Belästigungen begannen in der Regel nicht erst ab dem 50. Lebensjahr, da musste er doch schon mal vorher auffällig geworden sein. Da stimmte doch irgendetwas nicht. Er überlegte sich, bei wem er etwas über Linard erfahren konnte. Er dachte an seinen Schulkollegen Harry, der ihm einmal mitgeteilt hatte, dass sein Vater im Internat Zuoz gewesen war, und so wie sich Pünter ausrechnete, gerade ungefähr in der Zeit, als Linard auch dort gewesen sein musste.

Aus dem CV von Linard, der auf der Website der Gastropraxis aufgeschaltet war, hatte Pünter entnehmen können, dass Linard seine Gymnasialzeit im Internat Zuoz verbracht hatte. Linard war 50 Jahre alt und der Vater seines Kollegen Harry Benz war auch 50. Auf Umwegen kam er an die Telefonnummer von Harrys Vater. Als dieser nach mehreren Versuchen abnahm, stellte sich Pünter vor und erklärte Harrys Vater, Karl Benz, worum es ging. Karl Benz erwies sich als Glücksfall. Viele Angesprochene sperrten nämlich, wenn ein Journalist anrief, wollten nichts mit ihm zu tun haben – und das war in den letzten Jahren immer schlimmer geworden. Karl Benz jedoch kannte keine Berührungsängste und plätscherte munter darauf los. Ja, ja, er habe den Gian Cla Linard gekannt. Der sei in der Parallelklasse gewesen, ein eher zurückgezogener Typ, sei immer mit seinem Freund Jon Caprez zusammen gewesen. Die beiden waren die grossen Sportler der Schule. An jedem Wochenende gingen sie wandern, bergsteigen oder Ski fahren, je nach Saison. Viel mehr könne er dazu nicht sagen. Zwischendurch sei mal das Gerücht gegangen, dass Jon Caprez und Gian Cla Linard ein Schwulenpaar seien, aber später habe er nichts mehr davon gehört. Pünter solle doch mal den Caprez anrufen, der sei ein recht bekannter Architekt in Zürich geworden und der könne ihm sicher viel mehr über Gian Cla Linard erzählen.

Nach dem Anruf mit Karl Benz war Pünter ziemlich nachdenklich. Das passte wohl nicht zusammen, das Gerücht, dass Gian Cla schwul war, und heute steht er in einem Strafverfahren wegen sexuellen Missbrauchs einer Frau? Konnte er das irgendwie verwerten? Wohl kaum. Zudem war Gian Cla Linard verheiratet und hatte zwei Töchter. Der Fall wurde immer komplizierter. Nach einigem Nachdenken beschloss er, den Rat des Karl Benz zu befolgen und suchte im Telefonbuch und im Internet nach der Nummer von Jon Caprez. Nach einer Weile drang er zu Jon Caprez durch. Als er Jon Caprez erklärt hatte, worum es ging, hängte dieser sofort auf. Aha, der war also nicht so mitteilsam wie Vater Benz. Einer derjenigen, die nichts mit Journalisten zu tun haben wollten. Ein paar Recherchen ergaben, dass Jon Caprez allein lebte und ein äusserst erfolgreicher Architekt war.

Pünter überlegte eine Weile und rief dann Anna an. «Sie können wohl nur im Dreck wühlen», entfuhr es Anna irritiert, nachdem Pünter ihr erzählt hatte, was er erfahren hatte. «Aber, Homosexualität ist doch heute kein Makel mehr», meinte Pünter scheinheilig. «Für Ehefrau und Kinder vielleicht doch», antwortete Anna. «Pünter lassen Sie's einfach. Der Fall wurde eingestellt und das mit Grund. Es gab keinen einzigen stringenten

Beweis gegen Linard. Warten Sie doch ab, ob es bei der Einstellung bleibt. Und noch etwas: Können Sie sich vorstellen, was es für einen anständigen Mitmenschen und Bürger bedeutet, in ein solches Verfahren zu geraten, in der Zeitung exponiert zu werden, um am Schluss noch schmierige Flyers im Briefkasten vorzufinden? Woher kommt dieser Drang, Menschen, besonders erfolgreiche Menschen, schlecht zu machen. Gut, Journalismus ist Ihre Arbeit, aber vielleicht sollten Sie diesbezüglich doch mal etwas Empathie entwickeln, jedenfalls wünsche ich Ihnen nicht, das durchzumachen, was Linard und seine Familie im Augenblick durchmachen.»

Pünter schwieg einen Augenblick. Dann kam ihm eine Idee und er fragte: «Was sagt Ihnen der Name Jon Caprez?» Verdammt, dachte Anna, wie ist er auf diesen Zusammenhang gekommen? «Was soll er mir denn sagen?» «Nun, ehemalige Mitschüler des Internates in Zuoz behaupten, Linard und Caprez seien eine Art Liebespaar gewesen.» Anna seufzte. «Davon weiss ich nichts. Sie suchen offenbar in allen Ecken nach widerwärtigem. Vielleicht hat Linard seine Tante ermordet, auch davon weiss ich nichts, oder vielleicht finden Sie sonst noch irgendwelche andere dunklen Geheimnisse. Herr Pünter, mir geht es nur um eines: dass Herr Linard aus diesem Strafverfahren herauskommt. So oder so wird er die Geschichte nie mehr ganz loswerden, denn ein solches Verfahren ist für jeden Mann traumatisierend. Im Grunde genommen können Sie nur hoffen, dass nicht irgendeine Zufallsbekanntschaft mal behauptet, Sie hätten sie vergewaltigt. Solche Vorwürfe sind bekanntlich heute gar nicht so selten. Wissen Sie, ich hatte vor Jahren einen solchen Fall, ein anständiger Bankangestellter, Offizier im Militär, Präsident des Golfklubs, der von einer Frau der Vergewaltigung bezichtigt wurde. Nach ein paar Monaten – der Klient hatte 10 kg abgenommen und war nur noch ein Schatten seiner selbst – wurde das Verfahren eingestellt. Es ist etliche Jahre her, aber der Mann braucht heute noch Psychotherapie, so was geht nicht spurlos vorbei. Der Schaden im Fall Linard ist eh schon gross genug. Lassen Sie's doch einfach mal gut sein.»

Das Telefonat hatte Pünter nicht befriedigt. Er war jetzt ziemlich frustriert. Der wunderbare Skandal, der dieser Fall anfänglich zu sein schien, zerrann förmlich vor seinen Augen. Er beschloss in einem letzten Versuch, Staatsanwalt Fried anzurufen. Staatsanwalt Fried konnte seine Laune jedoch nicht aufhellen. Er reagierte äusserst irritiert. «Nein, von einer allfälligen Homosexualität habe ich nichts gehört, aber Homosexualität ist nicht strafbar und selbst wenn eine solche vorliegen würde, hätte das mit dem vorliegenden Fall überhaupt nichts zu tun. Wo denken Sie denn hin?» Dann hängte Fried auf. Pünters Gesicht sah aus, als hätte er in eine Zitrone gebissen, was sein eh schon schmales, spitziges Gesicht noch mehr in die Länge verzerrte. Er dachte wieder nach. Schliesslich erhellte eine weitere Idee seine Miene. Er griff erneut zum Telefon.

Tina Holts Zweifel

«Gian Cla Linard schwul?», fragte Tina Holt irritiert. «Nun», antwortete Pünter, «so jedenfalls wurde es mir mitgeteilt, Linard hatte diesen Ruf im Internat. Er soll sehr eng zusammen mit einem Jon Caprez gewesen sein. Kennen Sie den?» «Nein», antwortete Tina Holt, «und ich kann mir gar nicht vorstellen, dass Linard schwul ist. Die Frauen stehen Schlange bei ihm.» «Aber offenbar steht er nicht Schlange bei den Frauen», antwortete Pünter. «Da liegen Sie völlig falsch.» Tina Holt beendete das Telefon und blieb nachdenklich sitzen. Das konnte doch nicht wahr sein, ihr Gian Cla, die Liebe ihres Lebens, der hochattraktive, sportliche, männliche Mann, der konnte doch nicht schwul sein. Wohl war ihr bekannt, dass die Ehe mit Kathrin nicht gut lief, aber immerhin hatte er zwei Kinder mit ihr gehabt. Auch hatte sie während der zwei Jahre das Gefühl gehabt, dass Gian Cla sie mochte und auch auf sie ansprach, ohne dass er es bemerkte. Davon war sie überzeugt gewesen. Nie, nie wäre ihr der Gedanke gekommen, dass Gian Cla schwul sein könnte. Er war mit allen Patienten, Männer wie Frauen, gleichermassen korrekt, freundlich, aber nie herzlich. Auch als sie ihn jetzt nach der Kündigung mehrmals abends beobachtet hatte, wie er die Praxis verliess, war ihr nichts aufgefallen. Ausser Kathrin, beziehungsweise ausser seinen Töchtern, hatte ihn nie jemand abgeholt.

Dennoch, die Mitteilung von Pünter bohrte in ihr, verunsicherte sie. Sollte sie Gian Cla selbst anrufen und ihn über dieses Gerücht informieren? Tina Holt kam allerdings in den Sinn, dass sie Gian Cla gar nicht anrufen konnte. Er würde wohl erfahren haben, wer die Zeitung avisiert hatte. Was sollte sie nur tun? Sollte sie denn überhaupt etwas tun? Verunsichert und erstaunt stellte sie fest, dass sich ihre Gefühle durch die Nachricht von Pünter etwas verändert hatten. Es zog sie nicht mehr so zu Gian Cla. Auch die Gedanken, die sie in den letzten Tagen weiter gehegt hatte, nämlich, wie sie Gian Cla noch mehr schaden könnte, traten in den Hintergrund. Und sie hatte schon gar keine Lust, nachzuforschen, ob etwas am Gerücht stimmte, dass Gian Cla schwul sei.

Zur selben Zeit sass Anna in ihrem Büro in ihrer Kanzlei und dachte über den Anruf von Pünter nach. Sie beschloss, Gian Cla nichts davon zu erzählen. Es wäre besser, wenn er nicht erfahren würde, dass seine grösste Angst eintreten könnte. Jedenfalls sollte er es nicht von ihr erfahren. Ohnehin mochte sie die Rolle der Überbringerin schlechter Nachrichten nicht. Sie konnte nicht verhindern, dass Gian Cla es anderweitig erfuhr. Anna hoffte noch immer, dass es zu keiner Einsprache gegen die Verfahrenseinstellung kommen würde. Ihre Nase sagte ihr, dass die Pfisters den Betrag nicht aufbringen konnten oder wollten. So gesehen war das Flugblatt tatsächlich eine Art Ausdruck von Frust gewesen. Schädlich, aber wenn es bei der Einstellung blieb, würde sich die Angelegenheit beruhigen, dann wäre streng genommen ihre Arbeit beendet. Es müsste bald bekannt werden, ob eine Einsprache erfolgt war oder nicht. Anna erwartete die entsprechende Mitteilung in den nächsten Tagen. Trotz des bisher günstigen Verlaufs des Falles blieb eine innere Unruhe. Sie hatte die tiefe Verunsicherung von Gian Cla gespürt und sie fragte sich, wie es mit Gian Cla, den Linards und Jon Caprez weitergehen würde.

Als sie abends nach Hause kam, kam ihr Flavio entgegen und fragte: «Nun, können wir schon feiern?» «Leider noch nicht», antwortete Anna. «Aber lange kann die Mitteilung des Obergerichts, ob Einsprache gegen die Einstellung erhoben wurde, nicht mehr dauern.» «So oder so, wollen wir heute Abend irgendwo gut essen gehen? Wir waren seit Monaten nicht mehr aus. Eigentlich seit dem der Fall Gian Cla angefangen hat.» «Gute Idee. Wo wollen wir denn hin?», antwortete Anna trotz ihrer Müdigkeit. «Ich habe schon mal vorsorglich im Restaurant Conti bei der Oper reserviert», grinste Flavio. «Schon der Name des Restaurants ist mir sympathisch. Egal, ob wir feiern können oder nicht, ein Abend mit einem guten Nachtessen und gutem Rotwein wird uns guttun. Dann können wir uns mal darüber unterhalten, was wir mit der seit November verschobenen Ferienwoche anfangen wollen. In den nächsten Tagen solltest du mehr wissen und egal, ob Einsprache erfolgt ist oder nicht, du wirst dich sicher eine Woche frei machen können.» «Ja, aber es ist Februar, das spricht für Winterferien», meinte Anna, «nur habe ich überhaupt keine Lust, im Februar in die Ferien zu gehen, wenn alle in die Winterferien gehen.» «Mmh, ich könnte mir auch andere Ferien vorstellen», lächelte Flavio, «überlegen wir uns doch, wie es wäre, mit zehn Tagen Florida oder Thailand». «Ich werde es mir im Conti überlegen», lachte Anna, «beides sind ansprechende Vorschläge.»

Gian Clas Gedanken

Gian Cla war ruhelos. An Arbeiten war vorerst nicht zu denken. Er hatte Jana Kovac gekündigt und sie sofort freigestellt, ihr aber dennoch den Lohn für die Kündigungsfrist zugesagt. Beim Vertrauensbruch, den sie begangen hatte, hätte er ihr allenfalls auch fristlos kündigen können, doch ihm war nicht danach, Jana Kovac zu bestrafen. Sie war von der Situation auch überfordert gewesen.

Er hatte angefangen, die Räumung seiner Praxis zu organisieren. Er fühlte sich in einer Zeit des Niedergangs und hatte keine Ahnung, wie es weitergehen würde. Zwar hatte sich Marco Levy vom Vorstand der Ärztegesellschaft bei seinen Kollegen für ihn eingesetzt und sie zu überreden versucht, bei einer definitiven Einstellung, die sich abzuzeichnen schien, die Praxisgemeinschaft doch weiterzuführen. Was Gian Cla passiert sei, hätte doch jedem von ihnen passieren können und ein bisschen Solidarität untereinander wäre doch wohl zu wünschen. Gian Cla war Levy dankbar für seinen Einsatz. Levy hatte sich auf der ganzen Linie als ein wunderbarer Kollege erwiesen. Er war allerdings der Einzige. Seine beiden Praxiskollegen wollten von einer Fortführung der Praxisgemeinschaft nichts wissen. Es sei nun mal Linard passiert und nicht ihnen. Der Ruf der Gastropraxis habe schon so gelitten, meinten sie. Das würde nicht nur an Gian Cla, sondern auch an ihnen kleben bleiben. Dass ihre Distanzierung von Gian Cla jedoch auf diesen einen Schatten von Schuld werfen könnte, bedachten sie nicht weiter. Gian Cla nahm es desillusioniert hin, er hatte Levy ja nicht um Vermittlung gebeten. Ihm war klar, dass eine Fortsetzung der Praxisgemeinschaft mit seinem Kollegen und seiner Kollegin nicht mehr möglich war. Der Vorfall würde immer zwischen ihnen stehen.

Levy hatte Gian Cla auch angefragt, ob er im Falle der definitiven Einstellung bereit wäre, vor dem Vorstand über seinen Fall und die Folgen, auch die persönlichen Folgen, zu referieren. Levy war der Meinung, dass man das Problem thematisieren müsse. «Wir müssen Strategien finden, wie wir gegen solche Strafanzeigen vorgehen bzw. uns schützen wollen, was es vorzukehren gilt, was die ersten Schritte sind. Wir müssen uns auch überlegen, ob wir für einen solchen Fall eine Liste erfahrener Anwälte herausgeben sollen. Was wir nicht dürfen, ist das, was in diesem Fall passiert ist, sich vom betroffenen Arzt zu distanzieren, und so zu tun, als ob es einen nichts angehe», meinte Levy. Mit der Solidarität und der Loyalität unter Ärzten sei es nicht weit her. Levy war der Meinung, dass man Richtlinien und Strategien ausarbeiten solle, ganz unabhängig davon, ob eine Strafanzeige zu Recht erfolgte oder nicht. Falls sie zu Recht erfolgte, würde ein Kollege eben bestraft werden. Aber am Anfang brauchte es schnelle Hilfe und unbürokratischen Beistand. Die Idee sei sehr gut, befand Gian Cla und versprach Levy, darüber nachzudenken. Levy war eine Ausnahmeerscheinung unter seinen Kollegen und für ihn würde er sich wenigstens überlegen, ein solches Referat zu halten. Wenn er sich nur nicht so kraft- und mutlos fühlen würde.

Den Abend wollte er mit Kathrin und seinen Töchtern verbringen. Dafür würde er von Scuol aus nochmals nach Zürich fahren müssen. Zum Glück ging das heute dank dem Vereina-Tunnel viel schneller. Kathrin hatte einen Tisch im Restaurant Conti reserviert. Sie meinte, dass sie alle mal raus müssten und dass man sich in Ruhe bei einem guten Essen unterhalten könnte. Gian Cla war zwar nicht nach ausgehen, ihm war nach gar nichts, aber er sah die Argumente von Kathrin ein. Als die Linards abends ins Conti kamen und sich an ihren Tisch setzten, staunten sie nicht schlecht, als sie am Nebentisch die Conti Bergers entdeckten. Gian Cla wollte nicht glauben, dass Anna und Kathrin sich nicht abgesprochen hatten. Flavio schwor ihm aber, dass er den Tisch schon am Morgen reserviert hatte, ohne eine Ahnung von Kathrins Plänen zu haben. Anna schlug vor, dass sie und Flavio vielleicht in ein anderes Restaurant gehen könnten, damit sich die Linards nicht irgendwie eingeschränkt fühlten, aber man beliess es dabei, trank zusammen einen Aperitif und jede Familie wandte sich danach dem eigenen Menu und auch den eigenen Problemen zu.

Während des ganzen Dinners fühlte sich Gian Cla fremd. Er stand oder sass irgendwie neben sich. Die Töchter zeigten ihm auf jede erdenkliche Art, wie gerne sie ihn hatten und dennoch fühlte er den Graben zwischen sich und ihnen. Er hatte sie ein Leben lang belogen. Na gut, am Anfang hatte er tatsächlich geglaubt, dass das Modell Familie funktionieren würde. Er hatte sie nicht absichtlich belogen. Nach wie vor spürte er jedoch, dass er noch immer nicht über seine Probleme reden konnte. Er hatte das nie gelernt, er hatte einfach gelebt und gehandelt und das Riesenglück gehabt, dass Kathrin sich damit arrangierte und Jon ihn akzeptierte, wie er war. Nach dem Essen und noch vor dem Nachtisch verliess Gian Cla ohne Worte das Restaurant, nachdem er seine Töchter und Kathrin geküsst hatte. Kathrin wusste, dass er zu Jon gehen würde und war darüber ganz froh. Sie war zufrieden mit dem Verlauf des Abends und der Gespräche. Sie glaubte, dass sich alles wieder irgendwie normalisieren könnte. Doch sie sollte sich irren.

Max Pfisters Nöte

Max Pfister war schlechter Laune, als er mittags nach Hause kam. Er fand Ines zusammen mit Klein Hänschen im Wohnzimmer. «Du weisst, dass heute der letzte Tag der Einzahlungsfrist ist. Hast du jetzt deine Eltern um die 4000 Franken angefragt und diese einbezahlt? Du weisst, wie wichtig es ist. Nachdem ich diese Flyer verteilt habe, muss die Einsprache weitergehen, sonst fahren die mir an den Karren, mit Verleumdung oder so.» «Ich war dagegen, dass du diesen Flyer schreibst und verteilst», antwortete Ines. «Ich habe dir gesagt, dass das nur Probleme bringt, aber du wolltest mir ja nicht zuhören.» «Also, hast du jetzt das Geld einbezahlt oder nicht? Sonst hast du noch den ganzen Nachmittag Zeit dazu und ich warne dich, du musst es tun. Du hast mir schon genug angetan.» «Was, bitte schön, habe ich dir angetan?», fragte Ines. «Du hast doch alles durcheinandergebracht», schrie Max. «Zuerst musstest du dich von diesem Kerl bumsen lassen, dann mussten wir Anzeige erstatten und jetzt willst du einen Rückzieher machen. Jetzt, wo wir mittendrin sind.» «Ich habe mich doch nicht von diesem Kerl bumsen lassen», antwortete Ines. «Du verdrehst alles, was soll das?» Ines war ganz rot geworden und Tränen standen ihr in den Augen. «Und überhaupt, meine Eltern haben weniger Geld als wir. Vater bezieht eine Invalidenrente und mit dem wenigen, was Mutter dazu verdient, konnten sie nicht viel sparen. Wenn du also willst, dass diese 4000 Franken heute Mittag noch einbezahlt werden, dann tue es bitte selbst. Ich möchte den Fall auf sich beruhen lassen. Es stresst mich enorm, das habe ich dir schon mal erzählt. Ich möchte, dass es aufhört. Ich möchte wieder ein normales Leben führen. Ich befürchte, dass wir mit einer Einsprache eh nicht durchkommen würden, ohne Beweise, sieh das doch ein, Max.» Wut zeichnete sich ab in Max' Gesicht. «Du bist doch die Dümmste, die es auf Erden gibt und offensichtlich noch eine Schlampe dazu.» Er stand auf. «Bis heute Abend hast du diesen Betrag einbezahlt!» Er verliess die Wohnung und knalle die Türe hinter sich zu. Als er am Abend nach Hause kam, waren Ines und Hänschen weg. Max rief bei Ines' Eltern an. Niemand nahm ab. Er ging bei ihnen vorbei, polterte an die Türe, niemand machte auf. Max setzte sich auf den Randstein vor dem Haus seiner Schwiegereltern, raufte sich die Haare und fragte sich, womit er das alles nur verdient hatte.

Brief an Marco Levy

Am Dienstag, 5. Februar 2019, rief Anna beim Obergericht an und fragte, ob die Kaution von 4000 Franken für die Einsprache einbezahlt worden sei. «Bis jetzt nicht», antwortete ihr der Obergerichtssekretär, «aber sicherheitshalber sollten Sie noch eine Woche warten.» Am 12. Februar 2019 rief Anna wieder an und erhielt die definitive Antwort, dass die Kaution nicht bezahlt worden sei und auf die Einsprache nicht eingetreten werde. Sofort versuchte sie Gian Cla zu erreichen, wieder mal auf alle Arten, per Telefon, SMS, Mail und wieder war er nicht erreichbar. Daraufhin rief sie Kathrin an und teilte ihr die gute Nachricht mit. «Kathrin, damit ist der Fall und das Strafverfahren vorbei. Es wird auch in der Zeitung so stehen. Gian Cla ist frei, frei vom Vorwurf und frei vom Strafverfahren. Nur, ich kann ihn nicht erreichen.» «Gian Cla hat gewusst, dass die Einsprache wahrscheinlich nicht zustande kommt. Du hattest ihm doch von deinem ersten Anruf beim Obergericht erzählt. Doch irgendwie scheint ihn das nicht so gefreut zu haben. Es ist, als hätte er es gar nicht richtig wahrgenommen. Als er letzte Woche da war, versuchten Seraina und Ladina ihn zu einer Winterferienwoche mit Skifahren zu überreden. Sie haben doch beide Ferien. Auch damit kamen sie nicht durch bei ihm, was völlig ungewöhnlich ist, weil Gian Cla von solchen Vorschlägen immer begeistert war, ja sie in der Regel gleich selbst machte.» «Aber jetzt ist doch die Einstellung und das Ende des Falles definitiv», betonte Anna. «Das sollte ihn doch etwas positiver stimmen.» «Sollte», meinte Kathrin, «aber der ganze Fall hat ihn völlig aus dem Gleichgewicht geworfen und die Folgen gehen über die Einstellung des Verfahrens hinaus. Er räumt die Praxis und weiss nicht, wie es weitergehen soll.» «Hast du eine Ahnung, wo er ist oder sein könnte?», fragte Anna. «Ja, wo soll er schon sein, entweder bei Jon oder im Engadin», antwortete Kathrin traurig. Anna verabschiedete sich und war etwas frustriert, dass sie die gute Nachricht Gian Cla nicht überbringen konnte. Sie versuchte es bei Jon. Jon schien sich zwar zu freuen, aber er hatte Gian Cla seit zwei Tagen nicht mehr gesehen und wusste auch nicht, wo er war.

Gian Cla hatte wohl bemerkt, dass er von allen Seiten gesucht wurde. Es brauchte nur einen Blick auf sein Telefon zu werfen. Er mochte jedoch nicht reden. Er wollte gar nicht mehr wissen, ob sein Fall eingestellt worden war oder nicht. Nichts konnte ihn mehr aufrütteln. Zu sehr waren ihm die letzten Monate an die Nieren gegangen. Es hatte so viel in ihm ausgelöst, dass er seiner Verzweiflung nicht mehr Herr zu werden vermochte. In den letzten Tagen war er bei seiner Mutter gewesen und unruhig im Hause hin und her getigert. Zwischendurch hatte er verschiedene Briefe geschrieben, allen voran an Marco Levi. Ein Referat über seinen Fall vor der Ärzteversammlung würde er nicht halten können, nicht mehr. Aber er hatte versucht, Levis Wunsch schriftlich nachzukommen, indem er ihm zuhanden der anderen Ärzte seinen Fall beschrieb und Vorschläge machte, was in einem Fall wie dem seinen, vorgekehrt werden könnte. Gian Cla schrieb:

Lieber Marco,

du hast mich gebeten, vor dem Vorstand der Ärztegesellschaft einen Vortrag über meine Erlebnisse im Zusammenhang mit diesem von mir erlebten Strafverfahren zu halten und Vorschläge zu machen, wie einem betroffenen Arzt in einem solchen Fall geholfen werden könnte. Ich finde deinen Vorschlag gut, nur für einen Vortrag vor der Ärztegesellschaft fehlt mir die Kraft. Ich sehe mich nicht referieren über etwas, das mich persönlich so tief getroffen und auch verändert hat. Ich möchte daher deinem Wunsch auf diesem Wege nachkommen. Ich tue dies, weil du von all den ärztlichen Kollegen der Einzige warst, der mir empathisch begegnete und auch versuchte, mir und meiner Familie in dieser so schweren Zeit zu helfen. Selbst mit meinen Praxiskollegen hattest du das Gespräch gesucht. Danke!

Meine Gedanken und Vorschläge kannst du vielleicht der Ärzteschaft selbst zukommen lassen, denn, da hast du mit Bestimmtheit recht, da müsste einiges geschehen, zumal Strafanzeigen gegen Ärzte nicht so selten sind, ja sich in letzter Zeit auch gehäuft haben. Bevor ich zu meinen Vorschlägen strategischer und unterstützender Art komme, möchte ich eine kurze Zusammenfassung darüber machen, wie ich dieses Verfahren erlebt habe und wie einschneidend ein solches Verfahren auf die betroffene Person und dessen Familie einwirkt. Ich muss sogar noch festhalten, dass das Strafverfahren bei mir eher kurz war (weil bald klar war, dass straf-

rechtlich nichts dran war). Alles in allem dauerte das Verfahren von der Verhaftung bis zur Einstellung knapp drei Monate. Meine Verhaftung dauerte keinen Tag. Doch das hat mir wahrlich bereits genügt. Nicht auszudenken, wenn das Untersuchungsverfahren bzw. die Haft länger dauert wie aktuell bei diesem Bankenboss, der auch Bündner zu sein scheint.

Am Freitag, dem 16. November 2018, klingelte es morgens gegen sechs Uhr an unserer Wohnungstüre. Es öffnete meine Tochter Seraina und es traf sie fast der Schlag, als sie fünf Polizisten in Polizeimontur vor der Türe stehen sah. Vor der Strasse stand ein grosser Polizeieinsatzwagen, gut erkennbar für alle Nachbarn. Die Polizisten erzwangen sich Einlass und standen kurze Zeit später in meinem Schlafzimmer. In der Zwischenzeit war auch Kathrin wach geworden und wir waren alle völlig vor den Kopf gestossen. Man hielt mir einen Einsatzbefehl vor meinen verschlafenen Kopf. In der Kürze konnte ich nur «Haft- und Durchsuchungsbefehl in Sachen Verletzung von Art. 191 StGB» lesen. Da ich mir das nicht erklären konnte, hielt ich die Übung erst für ein Versehen beziehungsweise für einen Irrtum. Sicher waren die Polizisten im falschen Haus, doch weit gefehlt. Der Einsatzleiter erklärte mir, dass mich eine Patientin angezeigt hatte wegen Verletzung von Art. 191 StGB während einer Narkose. Das bedeute sexueller Missbrauch einer wehrlosen Patientin. Verschlafen und geschockt, wie ich war, konnte ich mir vorerst auf

*diesen Vorwurf keinen Reim machen und teilte dem
Einsatzleiter auch mit, dass dies ein Irrtum sein
müsse. Als Antwort auf meinen Einwand legte er
mir Handschellen an. Ich verstand die Welt nicht
mehr. Aber glaub mir, Marco, es gibt weniger erschreckendes oder schockierendes als eine Festnahme morgens um sechs für ein Delikt, von dem
du erstens nicht weisst, was es genau beinhaltet,
und du dich schlicht nicht erinnern kannst, es begangen zu haben. Zum Glück kam Kathrin auf die
Idee, eine uns beiden bekannte Anwältin anzurufen.
Sie hatte früher im Nebenhaus gewohnt und Kathrin
und diese Anwältin, Anna Berger Conti, waren befreundet. Anna Berger reagierte prompt, verlangte
den Einsatzleiter und wollte wissen, was los sei,
wie der Vorwurf lautete und was die Polizei ferner
zu tun gedachte. Im Gegensatz zu mir war die Anwältin schon häufiger solchen Fällen begegnet und
wusste, was zu tun und vor allem was zu fragen
war. Ohne länger darüber nachzudenken, übernahm
sie den Fall, sodass ich von Anfang an anwaltlich vertreten war. Das ist ein überaus wichtiger Punkt. Auch hier ging es mir besser als manch
anderem Festgenommenen. Die darauffolgende Zeit
läuft in meiner Erinnerung wie ein dunkler Film
ab. Schon bald stellte sich heraus, dass der Fall
wahrscheinlich nicht so abgelaufen sein konnte,
wie die Patientin es behauptete.
Das schlimmste, das dann kam, waren die verschiedenen Gespräche mit meinen Praxiskollegen,
mit dir als Präsidenten des Vorstandes der Ärzte-*

gesellschaft und mit dem Präsidenten der Zukunftspartei. Mit Ausnahme von Dir reagierten alle negativ, wollten mich sofort loswerden, ich sei für die Praxis, aber auch für die Partei eine Belastung geworden. Sie hielten daran fest, unabhängig davon, ob ich unschuldig war oder nicht. Das interessiere nicht, der Ruf sei nun mal angekratzt. Die Geschichte gelangte schliesslich auf Umwegen an die Presse, vorerst noch ohne Namensnennung. Besonders schlimm wurde es, als der Ehemann der Anzeigeerstatterin (der sogenannten Geschädigten) Flyer in den Briefkästen um mein Wohnhaus und um meine Praxis herum verteilte. Da fing der Pranger an. Die Leute wichen mir, aber auch meiner Familie, aus. Die Wand meines Wohnhauses zierte ein grossgeschriebenes «Sauhund», die Situation war völlig unerträglich geworden. Zum Glück dauerte auch das nicht allzu lange und der Fall wurde eingestellt. Dennoch, auch wenn es ein kurzes Strafverfahren war, hat es meine Familie und mich aufs Schwerste belastet und mich bis zu einem gewissen Grad gebrochen. Doch nun zu meinen Vorschlägen:

— *Die Ärztegesellschaft ist sicher gut beraten, ein Strategiepapier zu verfassen, für den Fall, dass eines ihrer Mitglieder in ein Strafverfahren kommt, und zwar völlig unabhängig davon, ob zu Recht oder zu Unrecht. Letzteres stellt sich ohnehin erst nach einer gewissen Zeit heraus.*

- *Es wäre wichtig, wenn ein Arzt das Verfahren gleich dem Vorstand melden würde und dieser ihm eine Liste von erfahrenen Prozessanwälten und Prozessanwältinnen überreichen könnte. In meinem Fall war es wichtig, dass ich von der ersten Minute an rechtlichen Beistand hatte.*
- *Wichtig ist es auch, eine Art psychologische Unterstützung zu organisieren, sowohl für den betroffenen Arzt selbst als auch für seine Familie, so eine Art Katastrophen Care Team. Auch hier könnte man eine Liste erfahrener Krisenpsychologen zur Verfügung stellen.*
- *Dann wäre es gut, wenn die Ärztegesellschaft aus den eigenen Reihen so eine Art Krisenmanager für solche Verfahren bestimmen würde, der den Arzt und seine Familie durch das Verfahren begleiten kann und nötigenfalls auch die Öffentlichkeitsarbeit übernimmt. Dazu braucht es wahrscheinlich eine spezifische Ausbildung und Erfahrung, aber irgendwo muss man ja anfangen.*
- *Auch ist es wichtig, sämtliche Ärztekollegen immer wieder über Gefahren zu informieren, die in Strafverfahren münden könnten. In meinem Fall war das die Gefahr der nicht lückenlosen Anwesenheit einer Praxisassistentin.*
- *Der Arzt oder die Ärztin, die Gefahr wittert, soll nach dem Eingriff oder nach dem Patientenbesuch sofort eine Zusammenfassung der Untersuchung abfassen, beziehungsweise festhalten, was nicht richtig gelaufen ist, und warum.*

Ich weiss nicht, ob es in anderen Kantonen solche Info-Papers für die Ärzteschaft gibt. Ich denke jedoch, dass sie grundlegend wichtig sind, vor allem heute, wo Verfahren gegen Ärzte vermehrt vorkommen. Eventuell könnte meine Anwältin, Anna Berger Conti, mit ihrer Erfahrung bei der Formulierung eines solchen Papers behilflich sein. Ich werde sie fragen.
Lieber Marco, das sind meine Gedanken und meine Zusammenfassung zu den Ereignissen. Ob der Fall jetzt definitiv eingestellt ist, weiss ich noch nicht, wie es weitergehen soll, ja, ob ich überhaupt weitermachen will, auch nicht. Die Folgen des Strafverfahrens muss ich trotz meiner Unschuld tragen, Einstellung oder Freispruch hin oder her. Ich muss meine Praxis räumen, die Nachbarn schauen weiterhin an mir vorbei — und das wird so bleiben.

Herzlich Gian Cla

Brief an Anna

Gian Cla sass am grossen Esszimmertisch in der Wohnstube in Scuol. Er legte den mittlerweile schmerzenden Kopf in seine Hände. Die vielen Briefe hatten ihn erschöpft, und doch, einen Brief musste er noch schreiben:

Liebe Anna
erinnerst Du Dich, wie du damals auf der Polizeiwache gesagt hast, wir können Du zueinander sagen, wenn der Fall eingestellt und alles vorbei sei? Nun, der Fall ist vorbei. Ich darf Dir jetzt endlich Du sagen und davon mache ich auch Gebrauch. Ich kann so meine Dankbarkeit Dir gegenüber besser ausdrücken.
Du, Dein Geschick, Dein juristisches Wissen und Deine Menschlichkeit haben meine Vorurteile gegenüber Anwälten als «Rechtsverdreher» relativiert. Oh ja, Anwälte sind genauso in Ungnade gefallen wie Ärzte oder Politiker, wie alle ehemaligen Respektspersonen eben. Und die Elitenschelte wirkt. Zudem ist niemand vor Vorurteilen gefeit, wie Du siehst. Schade, dass dabei nicht mehr differenziert wird zwischen wirklich schwarzen Schafen und professionellen Schafen.
Deine persönliche Betreuung hatte ich wohl auch deiner Freundschaft mit Kathrin zu verdanken. Du

*sprichst die heiklen Themen an, kritisierst wenn
nötig auch, Du schonst Deine Klienten nicht, weil
Schonen sicher nicht hilfreich ist, schon gar
nicht in einem Fall wie dem meinen. Ich habe auch
gesehen, wie sehr Du für mich, Deinen Klienten,
gekämpft hast. Damit hast Du die Einstellung des
Strafverfahrens gegen mich bewirkt, in einem Fall,
der heute nicht mehr so schnell eingestellt wird.
Das habe ich verstanden. Ich habe in den letzten drei Monaten viel dazu gelernt, auch über die
Arbeit eines Anwalts.*
*Trotz Deines Einsatzes und dem Erfolg beim Aus-
gang des Verfahrens konnte Dir nicht gelingen,
dass mich das sozusagen «aufstellt». Das ist sicher
nicht Deine Schuld und es tut mir leid, dass dem
so ist. Der Fall hat in mir eine Depression und
eine Denkphase ausgelöst, die wohl nicht mehr
vorbeigehen wird — das liegt ganz allein an mir.
Oh, ich habe nichts in strafrechtlicher Hinsicht verbrochen, doch hat mich dieses Strafverfahren gezwungen, in den Spiegel meines Lebens zu
schauen und was ich sah, war wie bei Oscar Wildes
Dorian Gray, der im Spiegelbild attraktiv, im ge-
malten Bild aber gezeichnet wird von seinen Sün-
den und seiner Schuld: Ich sah mein feiges Doppelleben, das nur aufgrund der Liebe von Kathrin
und Jon möglich gewesen war. Ich sah meine Lügen
und mein schlechtes Gewissen. Und jetzt weiss ich,
dass ich dieses Bildnis nicht mehr loswerde. Nur
der Tod konnte in Dorian Gray das schlechte Ge-*

wissen löschen und Harmonie und Gleichgewicht
wiederherstellen.
Nochmals liebe Anna, Du hast alles richtig ge-
macht. Ich kann jedem, der in ein Strafverfahren
kommt, vor allem in ein so heikles wie das meine,
nur wünschen, anwaltlich so vertreten zu werden
wie ich. Ich bin überzeugt, dass Du Dich um alle
Deine Klienten so sorgst, wie um mich. Du hast
mir damals empfohlen — erinnerst Du dich? — mir
so eine Art Coach, einen Freund zuzulegen, der
mir hilft, über diese Zeit hinwegzukommen. Da-
mals sagte ich, ‹Ich habe doch dich›. Du hast ge-
lacht und gesagt: ‹Aber ich bin Deine Anwältin›.
Ja, aber Du warst der beste Coach, den ich mir
vorstellen kann und kein anderer oder keine andere
hätte mehr erreichen können. Da stand und stehe
ich mir einfach selbst im Wege. Zurzeit bin ich
mal wieder bei meiner Mutter in Scuol. Es zieht
mich je länger je mehr in meine Bergheimat zurück.
Es gibt keinen anderen Ort, an dem ich es zur-
zeit aushalte. Ich werde nicht mehr zurück nach
Zürich gehen. Ich werde für immer hier im Engadin
bleiben.

In Dankbarkeit Gian Cla

Maria Linard hatte das alles nicht mitbekommen. Sie war für ein paar Tage bei ihrer Schwester in Pontresina. Wohl hatte sie bemerkt, dass es Gian Cla schlecht ging, aber wie schlecht dann doch wieder nicht. Sie rechnete fest mit der Einstellung des Strafverfahrens, so wie Anna es ihr vorausgesagt und erklärt hatte. Dann würde sich die Situation bestimmt wieder beruhigen. Nach einer gewissen Erholungszeit würde Gian Cla wieder Fuss fassen, dessen war sie sich sicher. Doch auch sie irrte sich.

Das Erlöschen der Sterne

Es war Abend geworden. Gian Cla's Unruhe wurde immer schlimmer. Draussen schneite es und es war bitterkalt. Gian Cla zog sich warm an, füllte den Rucksack mit Proviant, packte auch eine Flasche Whisky ein und machte sich auf den Weg zu seiner Hütte oberhalb von Sent. Er fuhr mit dem Auto nach Sent, bis zum Anfang des Fussweges, der zur Hütte führte. Dann machte er sich zu Fuss auf den Weg. Bei diesen Schneeverhältnissen würde er bis zur Hütte etwa zwei Stunden benötigen, den Weg dahin kannte er in- und auswendig, er würde ihn auch im Dunkeln finden. Und es war eine sternenklare Nacht.

Er musste zur Hütte, es drängte ihn geradezu dorthin, nur dort würde er Ruhe finden. Er wollte den Sternenhimmel, der den Piz Lischana in helles Licht tauchte, geniessen. Eine so schöne Sternennacht im Winter hatte er schon lange nicht mehr erlebt. Alle zehn bis fünfzehn Minuten blieb er stehen und nahm einen grossen Schluck Whisky, der ihn, so jedenfalls fühlte es sich an, aufwärmte in dieser bitteren Kälte. Er kam im Schnee nur langsam voran, Schritt für Schritt. Doch je näher er der Hütte kam, desto wärmer wurde ihm und desto mehr entfernten sich die quälenden Gedanken. Das erste Mal seit langem fühlte er sich wieder unbeschwert und frei. Er spürte die Kälte nicht mehr. Er spürte auch seine Müdigkeit nicht mehr, er strahlte in die Sternennacht, so als wollte er die Sterne überstrahlen. Zur Hütte war es nicht mehr weit. Er nahm einen weiteren Schluck Whisky und war erstaunt, dass die Flasche mittlerweile leer war. So viel zu trinken, war er sich nicht gewohnt, aber er fühlte sich wunderbar dabei. Er setzte sich auf eine kleine Schneemauer, war völlig entspannt und bewunderte sein Lieblings-Bergpanorama im Sternenlicht der Nacht. Er bemerkte gar nicht, dass die Sterne langsam vor seinen Augen dunkel wurden, bis sie ganz erloschen und dunkle Nacht ihn umfing.

Trauer

Es waren keine Traueranzeigen verschickt worden. Die Beerdigung würde in der reformierten Kirche Scuol San Göri (St. Georg) stattfinden. Diese Kirche ist das Wahrzeichen des Dorfes Scuol. Sie liegt auf dem markanten Munt Baselgia, auf einem Felsen, eine dominante Lage über dem Dorf mit einer steil abfallenden Felswand zum Fluss Inn. Das Innere der Kirche, Anna hatte sich am Tag vor der Beerdigung umgeschaut, war so schlicht wie eine evangelische Kirche nur sein kann. Die Kälte vieler Jahrhunderte schien sich darin aufgestaut zu haben. Aber Anna war eh kalt. Eine kalte Kirche an einer wunderschönen Lage, dachte Anna. Vom Kirchenfels, vom Munt Baselgia aus, sah man auf das prächtige Bergmassiv von Lischana, Son Jon und Pisoc.

Es war eine kleine Gruppe von Trauernden, die sich am Tag der Beerdigung von Gian Cla Linard bei der Kirche von Scuol zusammenfand. Es war ein schöner, eisiger Tag. Anna, die mit der ganzen Familie zur Beisetzung erschienen war, fragte sich, wie man in diese hart gefrorene Erde ein Loch hatte graben können. Das Grab war an einem schönen Ort, etwas unterhalb der Kirche, wo die neuen Grabplätze lagen, gegenüber der von Gia Cla so geliebten Bergkette. Die Beisetzung fand vor der Abdankung statt. Um das Grab standen Kathrin, Seraina und Ladina, Maria Linard, die sich bei ihren Enkelinnen eingehängt hatte, Anna mit Flavio und ihren Töchtern, und Jon, bei dem sich Kathrin eingehängt hatte. Ebenfalls anwesend, eine Überraschung für die anderen Trauergäste, war Marco Levy vom Vorstand der Ärztegesellschaft. Kathrins Eltern waren nicht erschienen, was Kathrin wohl betrübte, sie aber leider nicht überraschte. Anna schaute nachdenklich auf Kathrin und Jon. Vor der Beisetzung hatten sich alle Beteiligten umarmt, auch Gian Cla's Töchter und Jon. Was das Leben nicht geschafft hatte, hatte Gian Cla's Tod nun bewirkt. In der Trauer waren sie alle vereint. Mehr Leute waren nicht zur Beerdigung gekommen. Freunde und Verwandte – es waren wenige – wurden darüber informiert, dass Gian Cla einen Unfall in den Bergen gehabt hatte. Ob es ein Suizid gewesen war, wussten nicht mal die Allernächsten ganz sicher. Natürlich würde es Gerede geben, vielleicht sogar die eine oder andere Schlagzeile.

Als Gian Cla weiterhin nicht auffindbar gewesen war, hatte sich Jon am 12. Februar mit einem Bergführer auf den Weg zur Hütte gemacht. Hundert Meter weg von der Hütte fanden sie Gian Cla erfroren, erstaunlicherweise mit einem glücklichen Lächeln auf dem Gesicht.

Die Abdankung in der Kirche war zum Glück kurz. Selbst die Worte des offensichtlich überforderten, und wohl auch zu wenig informierten Pfarrers wirkten kalt und drangen nicht bis zu den Trauernden durch. Auf Wunsch von Maria Linard sang eine lokale Sängergruppe, es waren mehr Sänger als Trauernde, verschiedene romanische Lieder. Als sie vom Lied «la sera sper il lag» (abends am See) die 2. Strophe (in Sursilvan) sangen

E giu da tschel las steilas biaras
Migeivel miran giu el stgir,
Miu cor tgei aunc empiaras,
Va era ti tier dultsch durmir

*Und vom Himmel schauen die vielen Sterne
sanft in die Dunkelheit hinab
mein Herz, was ersehnst du noch
versink jetzt auch du in süssen Schlaf*

brach Jon in lautes Schluchzen aus. Genau so musste Gian Cla gestorben sein. Vor sich die Sterne, die schliesslich im Dunkel erloschen und ihn mit sich zogen. Auch Maria fing an zu weinen. Die anderen verstanden den romanischen Text nicht oder nicht ganz, erahnten aber die Tragik des Augenblicks.

Nach der Abdankung versammelten sich alle, auch Marco Levy, im Elternhaus von Gian Cla, wo Maria Linard einen Imbiss organisiert hatte. Vater Dumeng hatte man nicht geholt, er hätte eh nichts mehr mitbekommen. Auf dem grossen Tisch beim Eingang lagen sechs Briefe, die Abschiedsbriefe von Gian Cla an seine Töchter, Kathrin, Jon, Maria Linard, Anna und Marco Levi. Alle waren sich darin einig, dass die Katastrophe, die sich Mitte November in der Hegibachpraxis an der Forchstrasse in Zürich ereignet hatte, eine schon vorhandene Depression bei Gian Cla hatte ausbrechen lassen. Trotz aller Bemühungen war es nicht mehr möglich gewesen, Gian Cla zu retten, ihn für ein Weiterleben zu motivieren. Sie sassen zusammen in entspannter Trauer. Gian Cla hätte sich darüber gefreut.

Die letzten Briefe

Brief an die Mutter

Liebe Mama

Du weisst immer, was in mir vorgeht und so weisst du auch, wie schlecht es mir derzeit geht und wie völlig verwirrt ich von den letzten, so schrecklichen Monaten bin. Der Straffall mit dem schändlichen Vorwurf scheint nun definitiv eingestellt zu werden und so müsste ich wohl froh sein und versuchen, mein Leben weiter zu leben. Das jedenfalls erwartet jeder von mir. Warum kann ich es denn nicht? Der Fall hat so viel ausgelöst, hat mir gezeigt, wie verletzlich Glück und das Leben überhaupt ist. Und das veranlasste mich, über mein Leben nachzudenken, was in enormen Schuldgefühlen endete.
Du, Mama, würdest mir sagen, stell diese Schuldgefühle zur Seite. Was passiert ist, ist dein Fehler nicht und für seine Veranlagung kann letztlich niemand etwas. Ja, das würdest du sagen, zu Recht. Doch Du kennst meine Gefühle. Ich bin vor kurzem 50 Jahre alt geworden und von den letzten drei Monaten mal abgesehen, scheinen sie gar nicht so schlecht gewesen zu sein. Das waren sie

aber nur nicht, weil ich alles, was mich hätte belasten können, in einem hohen Mass verdrängt habe und egoistisch ein Leben lebte, das nur auf Kosten anderer möglich war. Das ist mir in den letzten Monaten bewusst geworden.
Etwas vom besten in meinem Leben, das bist und warst du: Eine Mutter, wie man sich keine bessere vorstellen kann. Deine Liebe hat mich über lange Jahre gehalten und ich befürchte, dass ich dir gar nicht so viel zurückgegeben habe. Das Problem mit Vater musstest du im Wesentlichen selbst tragen und du hast immer Pufferzone zwischen ihm und mir gespielt. Wie kann ich dir nur danken für alles? Wie unzulänglich sind Worte. Sollte ich nicht mehr zurückkommen, dann bitte ich dich, mir zu glauben, dass du an keinem meiner Probleme Schuld trägst. Du warst ein Lichtblick in meinem Leben. Ein Leben, von dem ich mir nicht sicher bin, ob ich es noch weiterleben will. Es ist alles so kompliziert und trotz aller Lichtblicke, lebe ich in einer riesigen, dunklen Wolke.
Was auch passiert, habe einen liebenden Blick auf deine Enkelinnen, aber auch auf Kathrin. Sie sind dir alle so zugetan. Sei auch fair zu Jon, so wie du es immer warst. Du bist eine unglaublich moderne Frau. Ich lege diesem Brief noch weitere Briefe bei, die du bitte verteilen mögest. Die Namen sind auf den Umschlägen.
Ich umarme dich, so fest ich nur kann.

Dieu at perchüra Mama.

Brief an Jon

Lieber grosszügiger, treuer Jon, dem ich so viel zu verdanken habe, und dem ich es so schlecht gedankt habe. Ich konnte dir alles Mögliche antun. Affären mit anderen Männern, die Heirat mit Kathrin, dann die Geburt meiner zwei Töchter, die ich über alles liebe, ein Leben neben dir — und doch warst du immer da, hast mich immer geliebt und mit offenen Armen aufgenommen. Womit Jon, habe ich das verdient?

Es ist mir erst in den letzten Monaten bewusst geworden, wie sehr ich von der Liebe und von den Kräften anderer gelebt habe. Es schien mir alles so selbstverständlich zu sein und nur wenn plötzlich die Wände neben dir einfallen, wird man sich bewusst, dass gar nichts selbstverständlich ist. Diese Erfahrung habe ich nunmehr gemacht und sie bleibt. Natürlich, der Straffall mit dem unaussprechlichen Vorwurf ist definitiv eingestellt. Ich könnte mein Leben wieder weiterführen. Alles könnte wieder werden, wie es war. Vordergründig jedenfalls. Doch der schwarze Tunnel meiner Gedanken wird es nicht mehr zulassen.

Ich bin nicht nur ein Egoist, ich bin auch feige. Ich habe es nie geschafft, mit meinen Töchtern über meine Veranlagung zu reden — ich kann es noch immer nicht. Und doch werde ich ihnen alles mitteilen müssen. Es ist so falsch von mir gewesen, dich als selbstverständlich anzunehmen und dich von meinen Töchtern vollständig fernzuhalten.

*Dabei war immer klar, dass sie dich eines Tages
kennenlernen würden, und ich hoffe, sie werden
die Toleranz und Grosszügigkeit aufbringen, dir
freundlich zu begegnen. So wie ich sie kenne, werden sie das, aber vielleicht wird es etwas dauern.
Heute hat sich viel verändert. Schwule Männer können heiraten, ja, sie können sogar Kinder adop-
tieren. Nur, Kinder gebären können sie nicht. Ich
bin viel zu konservativ, viel zu sehr Bündner,
viel zu sehr Mann meiner Herkunft und viel zu sehr
familienverbunden, als dass ich diesen modernen
Weg hätte wählen können. Ein Mann heiratet keinen Mann, das geht mir nicht in den Kopf, auch als
Schwuler nicht. Mit einem Mann kann ich kein Kind
bekommen, jedenfalls nicht auf natürlichem Wege
und einer meiner frühesten Wünsche war, eigene
Kinder zu bekommen. Ich glaubte, der von mir ein-
geschlagene Weg sei gangbar. Er war es jedoch nur,
weil sowohl du als auch Kathrin grosse Opfer gebracht habt. Ich hatte alles, ich hatte eine Beziehung, ich hatte Kinder, ich hatte eine Familie, — wie war ich doch blind. Jon, ich weiss, was
ich dir zu verdanken habe, du bist einer der wich-
tigsten Menschen in meinem Leben und das weisst
du auch.
Dass ich dich liebe, habe ich dir nie gesagt. Ich
hoffe, es ist jetzt nicht zu spät dafür.*

Brief an Kathrin

Liebe Kathrin

dieser Brief fällt mir besonders schwer. Ich fühle mich wie ein grosser Betrüger. Wohl jeder Mann wäre glücklich gewesen, eine Frau wie dich zu bekommen: schön, liebenswürdig, klug und grosszügig. Ich war auch froh und wie. Du warst die einzige Frau, mit der ich mir überhaupt vorstellen konnte, eine Familie zu haben. Ja, es gab Augenblicke, in denen ich geglaubt habe, dass ich es könnte. Aber natürlich, ich wusste von meiner Veranlagung und daher hätte ich auch wissen müssen, dass es nicht funktionieren würde. Ich liebe dich, aber natürlich nicht so, wie ein Mann eine Frau lieben sollte, nicht so, wie du es verdienst.
Dass du mir das Leben, das ich bis zum 50. Lebensjahr geführt habe, ermöglicht hast, dass ich Vater zweier so wunderbarer Töchter sein darf, dafür kann ich dir nicht genug danken. Ich kann nur annähernd ermessen, wie viel Schmerz ich dir zugefügt habe, als Frau und als Mensch. Erst die Katastrophe vor drei Monaten hat mir die Augen für mein Leben geöffnet und was ich da sah, hat mich entsetzt. Wie konnte ich nur? Ich kann es nicht mehr gut machen. Ich, der grosse Egoist, bin umgeben von grosszügigen und liebenden Menschen, von dir, meiner Mutter, unseren Töchtern und von Jon. Sie alle habe ich belogen und betrogen. Ich habe das einfach immer verdrängt. Ich weiss nicht, ob

*ich so weiterleben kann, obwohl das Strafverfahren
jetzt offenbar eingestellt ist.*

*Schon jetzt zittern meine Hände bei dem Gedanken,
dass der nächste Brief, ein aufklärender Brief
an Seraina und Ladina sein wird. Was werden sie
nur von ihrem Vater halten müssen? Das Einzige,
was ich glaube, gut gemacht zu haben, ist, dass
für dich und für Seraina und Ladina gut gesorgt
ist. Hilf ihnen, ihr Leben zu leben, hilf ihnen,
es möglichst zu geniessen, und hilf ihnen, über
die Enttäuschung über ihren Vater hinwegzukommen.
Versuche auch du, liebe Kathrin, dein Leben zu
geniessen. Du hast dich in den letzten Jahren
erstaunlich gut zurechtgefunden.*

*Ich habe mein Leben bisher wohl gelebt, bin mir
aber nicht sicher, ob ich es geniessen konnte.
Das schlechte Gewissen war unterschwellig immer
da, verbunden mit der Angst, dass alles auffliegen
würde und dass vor allem meine Töchter sich von
mir abwenden könnten. Ich werde versuchen, so
gut es eben geht, ihnen das zu erklären und bitte
dich, mich dabei zu unterstützen. Wer könnte das
besser als du?*

Ich umarme dich in grosser Dankbarkeit.

Brief an Seraina und Ladina

Seraina, meine Grosse, und Ladina, meine Kleine

Ihr seid das Wichtigste in meinem Leben und auch das grösste Geschenk, das mir mein Leben gegeben hat. Dass mir mein Leben nicht nur Geschenke gemacht hat, werdet ihr verstehen, nachdem ihr diesen Brief gelesen habt. Während ich dies schreibe, zittern meine Hände und man wird es der Schrift auch ansehen und die ohnehin schwierig zu lesende Ärztehandschrift wird noch schwieriger zu lesen sein.
Es war in den letzten Monaten für mich mörderisch, dass ihr einen solch schrecklichen Vorwurf über euren Vater hören musstet. Für diesen Vorwurf konnte ich nichts, wahrlich nicht. Und doch musstet ihr zusehen, wie euer Vater durch den Dreck gezogen wurde. Ihr habt mich wunderbar unterstützt und keinen Augenblick den Schund geglaubt, der über mich geschrieben wurde. Der Straffall ist nun definitiv eingestellt und man sollte meinen, dass das Leben irgendwann wieder seine übliche Kadenz aufnimmt, selbst wenn ich meine Praxis verlassen muss. Das was die letzten Monate überschattete, ist vorbei. Doch so einfach ist es nicht.
Jetzt ist der Moment gekommen, wo ich euch nun schon erwachsenen Töchtern das gestehen muss, was nicht nur die letzten drei Monate, sondern mein ganzes Leben überschattet hat. Ich bin mir nicht sicher, ob ihr nicht schon etwas geahnt habt, ihr seid ja keine Kinder mehr, aber wahrschein-

lich habt ihr es dann ebenso verdrängt wie ich.
Ihr nahmt an, dass die ungewöhnliche Beziehung
zwischen eurer Mutter und mir eine Form des Auseinanderlebens war, wie ihr es so oft von Eltern
von Schulkolleginnen und Schulkollegen erfahren
habt. Das war es nicht. Der, der an dieser Situation die alleinige Schuld trägt, bin einzig und
allein ich. Ich habe den Moment immer gefürchtet,
in dem ich euch mitteilen muss, dass ich homosexuell bin. Ja, ich habe gehofft, ich werde es nie
sagen müssen, ich könne mein Doppelleben weiterführen, die Familie geniessen und gleichzeitig
eine Beziehung leben. Leider nicht die Beziehung
mit eurer Mutter.
Ladina hat mich kürzlich gefragt, ob ich eine
Freundin hätte. Nein, eine Freundin habe ich nicht,
ich habe einen Freund. Schon seit Gymnasialtagen,
schon seit 35 Jahren. Sehr lange habe ich meine
Homosexualität nicht akzeptiert. Ich wollte ein
normales bürgerliches Leben führen, unbedingt
Kinder haben und dieser grösste meiner Wünsche
wurde auch erfüllt und erst noch mit den besten
aller Töchter. Das verdanke ich eurer Mutter, die
ich so sehr betrogen habe. Wohl habe ich sie auf
meine Art geliebt, als wir heirateten. Es dauerte
denn auch einige Jahre, bis Kathrin herausfand, wo
das Problem wirklich lag. Sie hat schrecklich
gelitten, da mache ich mir nichts vor und auch Jon,
mein Freund, hat gelitten, weil ich nie zu ihm und
zu meiner Liebe zu ihm stehen konnte und ihn erst
noch vom Liebsten, das ich habe, nämlich von euch,

fernhielt. Jon und Kathrin kennen sich, mögen sich sogar — erstaunlicherweise. Sie können ganz gut mit dieser Situation umgehen, mit der ich überhaupt nicht umgehen kann. Und warum konnte ich nicht mit ihr umgehen? Weil der grösste Horror, den ich mir vorstellen konnte, das ist, was jetzt gerade passiert: Dass ich euch die ganze Geschichte gestehen muss. So lebten wir denn wohl eine pro forma Ehe, aber sicher keine pro forma Familie. Das war nur aufgrund eurer grosszügigen Mutter möglich. Sie gab mir die Chance, alles zu leben, was mir wichtig war. Die Vaterschaft, die Familie, die Beziehung zu Jon, meine Hobbys, das Bergsteigen, ja, die Berge überhaupt. Kürzlich habe ich meiner Mutter meine Homosexualität gestehen wollen, um zu meinem Erstaunen festzustellen, dass sie schon längst alles wusste, aber nie mit mir darüber geredet hatte. Alle haben mich geschont und ich aber habe niemanden geschont.
Seraina und Ladina, für euch ist so gut gesorgt, wie nur gesorgt sein kann. Ihr werdet existenziell nie grössere Entbehrungen erfahren müssen. Eure Mutter und meine Mutter werden euch beistehen und gibt vielleicht, ganz vielleicht, auch Jon eine Chance, der mich über 35 Jahre lang geliebt und gestützt hat. Ich erwarte nicht, dass ihr mir verzeiht, ebenso wenig erwarte ich von eurer Mutter oder von Jon, dass sie mir verzeihen. Ich kann mir ja selbst nicht verzeihen.

Meine Liebe mit euch. Euer Vater.